ライブラリ 読んでわかる心理学 12

読んでわかる
臨床心理学

伊東眞里・大島 剛・金山健一・渡邉由己 共著

サイエンス社

監修のことば

本ライブラリは，心理学を初めて学ぼうとする方に，自学自習によって心理学がわかるテキストを提供することを目指しています。

心の科学である心理学は，幅広いテーマの内容を多彩な研究方法を使って解明することで，日進月歩をきわめています。その結果，心理学に興味をもち始め，自学自習に取り組もうとする方にとって，心理学の各テーマを一通り学習しようと挑戦しても，その内容を理解することは難しいものとなってきました。

このような現状のもと，「ライブラリ　読んでわかる心理学」は，多岐にわたる心理学のテーマに対応して用意された各巻を，それぞれ主体的に自学自習することによって，その内容を効果的に理解できるように編まれました。関心をもった巻から自習することで，心理学の基礎概念の意味やことがらの理解を深めることができます。また，興味をもって学習できるように，章の概要をはじめにまとめ，読みやすい日本語で記述するよう心がけました。さらに，学習成果を深められるように，章末には参照できる文献を紹介し，学習した内容を確認するための復習問題を掲載しています。

大学や短大の授業で心理学を学ぶ学生のみなさん，自宅でテキストを用いて心理学を学ぶ通信教育部の学生のみなさん，さらに公認心理師，認定心理士，臨床心理士，心理学検定といったさまざまな資格・試験をめざすみなさんが，本ライブラリを自学自習の教材として積極的に役立てられることを願っています。

監修者　**多鹿秀継**

まえがき

本書は，「ライブラリ 読んでわかる心理学」の一巻として，臨床心理学を学ぶ人のために編集・執筆されました。臨床という言葉は，医学領域で診療にあたる人々の間で使われ始めてきました。現在は，心理学でも臨床という言葉が使用されていますが，これは必ずしもベッドの横でなされる関わりだけでなく，病める人や悩める人の心理的な問題となっている行動の原因について考え，心を癒すという意味で用いられています。

臨床心理学は，病気や障害，あるいは不幸な経験などによって引き起こされた心理的苦痛を軽減するために心理的援助を行い，それを通して問題の解決や改善を目指す学問です。そのため，臨床心理学は社会のニーズに即応してさまざまな問題に対処できる専門的な方法を開発し，実践していかなければなりません。現代社会はさまざまな問題を抱えています。不登校やいじめなどの教育の問題，自閉スペクトラム症や注意欠如・多動性障害などの発達の問題，精神疾患や不安障害などの心理的問題，高齢者のケアや身体障害などのリハビリテーションの問題などが，社会が緊急に対応しなければならない課題としてあげられます。

本書は，第Ⅰ部「教育と臨床心理学」，第Ⅱ部「福祉と臨床心理学」，第Ⅲ部「医療と臨床心理学」，第Ⅳ部「高齢者と臨床心理学」の4部構成になっています。4つの領域の視点から，その役割と心理臨床の方法や対応について，事例を交えながらわかりやすく説明しています。読者の皆さんが，4つの領域の視点から基本的な臨床心理学のあり方を学び，実践に役立てることを願っております。

最後になりますが，本書の執筆の機会をお与えいただきました監修者の多鹿秀継先生と，編集に際し多大の労をお取りいただきましたサイエンス社編集部の清水匡太氏に心から感謝申し上げます。

著者一同

目　次

まえがき …… i

第Ⅰ部　教育と臨床心理学　1

第1章　教育における臨床心理学の役割　2

1.1　日本の教育の現状 …… 2
1.2　教育と臨床心理学の立場 …… 13
1.3　文部科学省の動向とSC・SSWの教育への参入 …… 17
参考図書 …… 23
復習問題 …… 23

第2章　教育における心理臨床の方法　24

2.1　カウンセリング・学校教育相談の教育への導入 …… 24
2.2　来談者中心療法 …… 26
2.3　選択理論 …… 29
2.4　ブリーフセラピー …… 31
2.5　認知行動療法 …… 34
2.6　カウンセリングの流れ …… 37
2.7　マイクロカウンセリング …… 38
参考図書 …… 42
復習問題 …… 42

第3章　教育における心理臨床の対応　43

3.1　学校でのカウンセリング・教育相談の進め方 …… 43
3.2　学級経営 …… 49
3.3　UDL …… 52

3.4 ピアサポート …… 54
3.5 PBIS …… 56
3.6 SEL …… 59
3.7 情報モラル教育 …… 60
参考図書 …… 65
復習問題 …… 65

第Ⅱ部　福祉と臨床心理学　67

第4章　福祉における臨床心理学の役割　68
4.1 福祉とは何か …… 68
4.2 福祉と臨床心理学の立場 …… 69
4.3 心理専門職の福祉への参入 …… 71
4.4 公認心理師法における福祉心理学 …… 72
参考図書 …… 75
復習問題 …… 75

第5章　福祉における心理臨床の方法　76
5.1 個人的要因 …… 76
5.2 発達的要因 …… 78
5.3 家庭的要因 …… 79
5.4 集団参加（保育園・学校・会社など）要因 …… 81
5.5 社会的要因 …… 82
5.6 まとめ …… 82
参考図書 …… 83
復習問題 …… 83

第6章　福祉における心理臨床の対応　84
6.1 児童相談所 …… 84

6.2 児童福祉施設 …… 86
6.3 障害児（者）施設および機関 …… 89
6.4 精神障害者・高齢者施設および機関 …… 92
6.5 まとめ …… 92
参考図書 …… 93
復習問題 …… 93

第Ⅲ部 医療と臨床心理学 95

第7章 医療における臨床心理学の役割 96
7.1 精神神経科における臨床心理学の役割 …… 96
7.2 小児科における臨床心理学の役割 …… 98
7.3 心療内科における臨床心理学の役割 …… 102
7.4 緩和ケアにおける臨床心理学の役割 …… 103
7.5 チーム医療における臨床心理学の役割 …… 104
参考図書 …… 105
復習問題 …… 105

第8章 病院における心理臨床の方法 107
8.1 病院における心理査定に必要な基本的知識 …… 107
8.2 病院における心理査定に必要な基本的態度 …… 112
8.3 病院の各科における心理査定 …… 118
8.4 所見のまとめと報告 …… 119
参考図書 …… 122
復習問題 …… 122

第9章 病院における心理臨床の対応 123
9.1 精神神経科における心理臨床の実際 …… 123
9.2 小児科における心理臨床の実際 …… 127

9.3 心療内科における心理臨床の実際 …… 132
9.4 緩和ケアにおける心理臨床の実際 …… 135
参考図書 …… 139
復習問題 …… 139

第Ⅳ部 高齢者と臨床心理学 141

第10章 高齢者における臨床心理学の役割 142

10.1 生涯発達の枠組みからみた高齢者の心 …… 142
10.2 社会構造や文化的枠組みからみた高齢者の心 …… 144
10.3 代表的疾患からみた高齢者の心 …… 149
10.4 高齢者への臨床心理学的支援で期待されること …… 151
参考図書 …… 152
復習問題 …… 152

第11章 高齢者における心理臨床の方法 154

11.1 高齢者の心理アセスメントの基本 …… 154
11.2 高齢者の心理アセスメントで用いられる心理検査 …… 157
11.3 高齢者への心理療法的アプローチ …… 160
参考図書 …… 165
復習問題 …… 165

第12章 高齢者における心理臨床の対応 166

12.1 地域包括ケアシステムと心のケア …… 166
12.2 多職種チームによるケア …… 168
12.3 高齢者とその近親者を支えること …… 171
参考図書 …… 174
復習問題 …… 174

復習問題解答例 …… 177
引 用 文 献 …… 179
人 名 索 引 …… 189
事 項 索 引 …… 191
著 者 紹 介 …… 195

第Ⅰ部

教育と臨床心理学

第1章 教育における臨床心理学の役割

日本の学校教育は，いじめや不登校，虐待，ネット依存などさまざまな問題に直面しています。臨床心理学は，いじめ，不登校，発達障害の理解や対応ばかりでなく，学級内の人間関係や，集団になじめない子どもの理解，授業に集中できない子どもへの対応などにも生かすことができます。

本章では，まずは日本の教育の現状をデータで確認します。次に臨床心理学が学校教育へどのように導入されていくのかをみていきます。世界の優れた教育実践では，包括的学校支援（comprehensive school guidance and counselling）を採用し，「すべての子どもの全人的な成長」の促進を目指しています。それらを踏まえ，日本ではどのような取組みが行われているかもみていくことにしましょう。

1.1 日本の教育の現状

日本の教育はとても厳しい状況におかれています。文部科学省の報告では，2019年は不登校児童生徒数23.1万人，いじめ認知件数61.2万件，加害児童生徒数7.8万人と報告されています。2020年の小中高生の自殺者数は，1980年以降最多の479人となり（文部科学省，2020），毎日，子どもたちの尊い命が失われています。

さらに，ネット依存は2012年は51万人でしたが2018年には93万人と急増し，中学生の12.4%，高校生の16.0%がネット依存傾向にあると報告されています（厚生労働省，2018）。実に中高生の7人に1人がネット依存傾向である状況です。

児童相談所での虐待相談件数は，1990 年は 1,101 件でしたが，2019 年は 19 万 3,780 件と 30 年間で 176 倍となりました（厚生労働省，2020）。そのうち，児童生徒の虐待死亡人数は 54 人で，その内訳はネグレクト 25 人，身体的虐待 23 人，不明 6 人となり，1 週間に 1 人は虐待死があるという悲惨な現状が浮き彫りになりました。

1.1.1　暴力行為発生件数

図 1.1 には，2006 年から 2019 年までの児童生徒の**暴力行為**発生件数の推移を示してあります（文部科学省，2020）。小学校の暴力行為発生件数は，2006 年は 3,803 件でしたが，2019 年は 4 万 3,614 件と 11.5 倍に急増しています。中学校・高等学校では，わずかながら減少傾向にあります。

図 1.2 は，1,000 人あたりの暴力行為の推移です（文部科学省，2020）。2006 年には，小学校の暴力行為発生件数は 0.5 件でしたが，2019 年は 6.8 件と 13.6 倍に急増しています。中学校では大きな変化はなく，高等学校ではわずかながら減少傾向にあります。

図 1.3 の学年別の加害児童生徒数（文部科学省，2020）では，小学 6 年生から中学 1 年生にかけて，その数が大きく増加していますが，これは「中 1 ギャップ」と呼ばれるものです。小学校から中学校へと，学校の環境が大きく変化

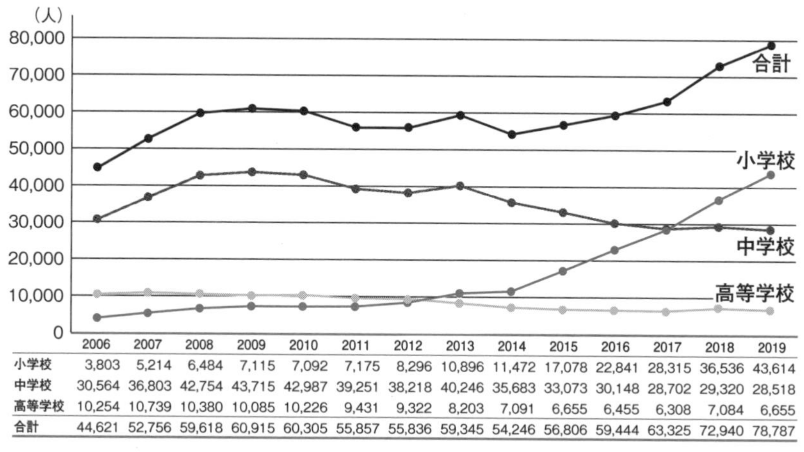

	2006	2007	2008	2009	2010	2011	2012	2013	2014	2015	2016	2017	2018	2019
小学校	3,803	5,214	6,484	7,115	7,092	7,175	8,296	10,896	11,472	17,078	22,841	28,315	36,536	43,614
中学校	30,564	36,803	42,754	43,715	42,987	39,251	38,218	40,246	35,683	33,073	30,148	28,702	29,320	28,518
高等学校	10,254	10,739	10,380	10,085	10,226	9,431	9,322	8,203	7,091	6,655	6,455	6,308	7,084	6,655
合計	44,621	52,756	59,618	60,915	60,305	55,857	55,836	59,345	54,246	56,806	59,444	63,325	72,940	78,787

図 1.1　**児童生徒の暴力行為発生件数の推移**（文部科学省，2020）

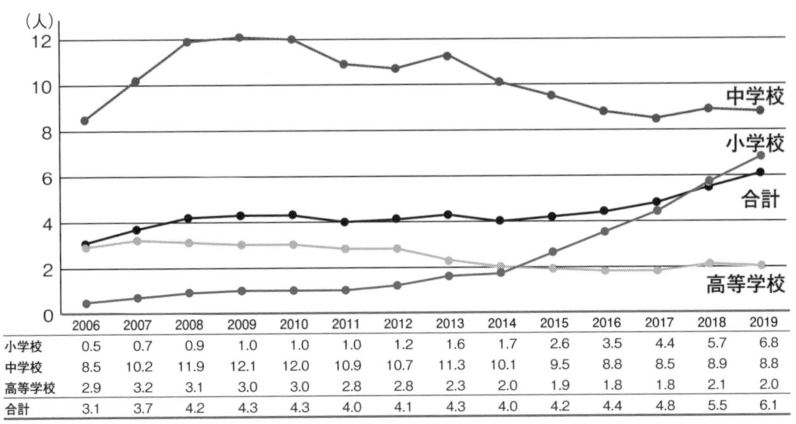

	2006	2007	2008	2009	2010	2011	2012	2013	2014	2015	2016	2017	2018	2019
小学校	0.5	0.7	0.9	1.0	1.0	1.0	1.2	1.6	1.7	2.6	3.5	4.4	5.7	6.8
中学校	8.5	10.2	11.9	12.1	12.0	10.9	10.7	11.3	10.1	9.5	8.8	8.5	8.9	8.8
高等学校	2.9	3.2	3.1	3.0	3.0	2.8	2.8	2.3	2.0	1.9	1.8	1.8	2.1	2.0
合計	3.1	3.7	4.2	4.3	4.3	4.0	4.1	4.3	4.0	4.2	4.4	4.8	5.5	6.1

図 1.2　**1,000 人あたりの暴力行為の推移**（文部科学省，2020）

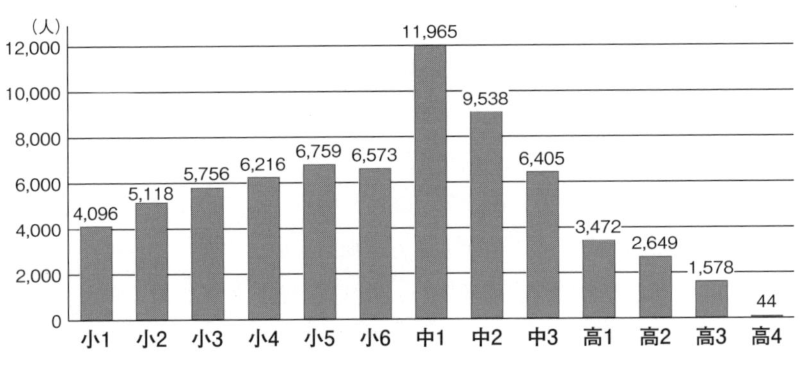

図 1.3　**2019 年の学年別加害児童生徒数**（文部科学省，2020）

することによって新たな問題が発生し，生徒指導が一気に急増することがうかがえます。この他にも第 2 次性徴期や反抗期など，成長とともにさまざまな課題が山積する時期でもあります。

1.1.2　不登校児童生徒数

図 1.4 には，2006 年から 2019 年までの不登校児童生徒数の推移を示してあります（文部科学省，2020）。小学校・中学校・高等学校の合計は，2006 年は 18 万 4,438 人でしたが，2019 年は 23 万 1,372 人と 1.25 倍に増加しています。

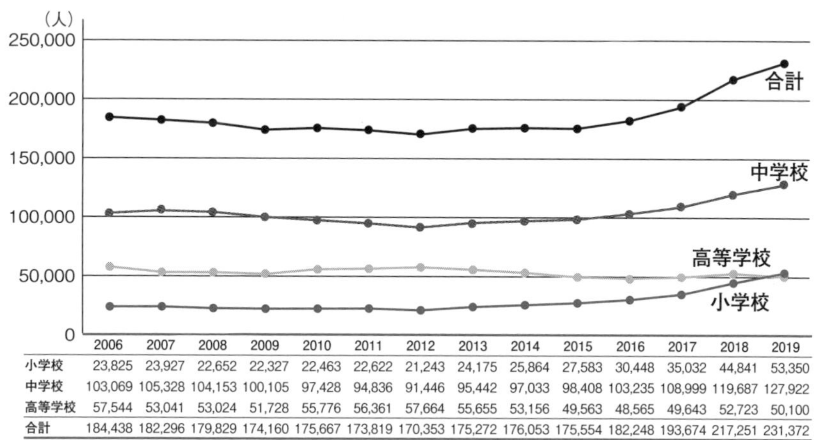

	2006	2007	2008	2009	2010	2011	2012	2013	2014	2015	2016	2017	2018	2019
小学校	23,825	23,927	22,652	22,327	22,463	22,622	21,243	24,175	25,864	27,583	30,448	35,032	44,841	53,350
中学校	103,069	105,328	104,153	100,105	97,428	94,836	91,446	95,442	97,033	98,408	103,235	108,999	119,687	127,922
高等学校	57,544	53,041	53,024	51,728	55,776	56,361	57,664	55,655	53,156	49,563	48,565	49,643	52,723	50,100
合計	184,438	182,296	179,829	174,160	175,667	173,819	170,353	175,272	176,053	175,554	182,248	193,674	217,251	231,372

図 1.4　**不登校児童生徒数の推移**（文部科学省，2020）

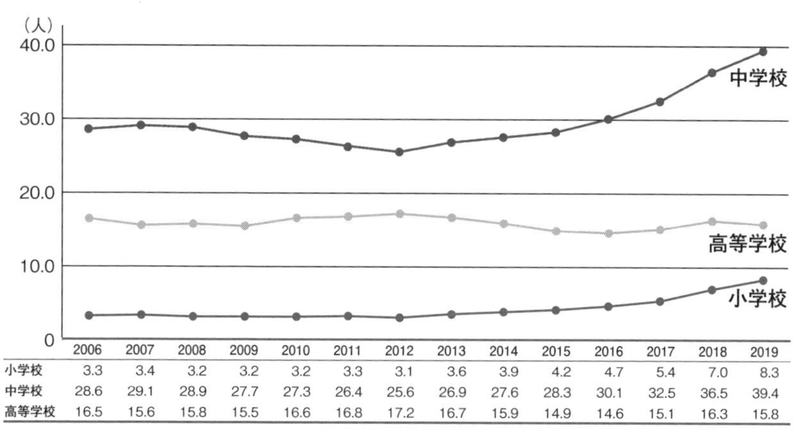

	2006	2007	2008	2009	2010	2011	2012	2013	2014	2015	2016	2017	2018	2019
小学校	3.3	3.4	3.2	3.2	3.2	3.3	3.1	3.6	3.9	4.2	4.7	5.4	7.0	8.3
中学校	28.6	29.1	28.9	27.7	27.3	26.4	25.6	26.9	27.6	28.3	30.1	32.5	36.5	39.4
高等学校	16.5	15.6	15.8	15.5	16.6	16.8	17.2	16.7	15.9	14.9	14.6	15.1	16.3	15.8

図 1.5　**1,000 人あたりの不登校児童生徒数の推移**（文部科学省，2020）

2006 年から 2019 年の同時期の比較では，小学校 2.24 倍，中学校 1.24 倍，高等学校 0.87 倍となっています。高等学校の不登校生徒は，通信制を含む単位制学校に在籍している場合が多いようです。

図 1.5 は，1,000 人あたりの不登校児童生徒数の推移です（文部科学省，2020）。

2006 年は小学校 3.3 人，中学校 28.6 人，高等学校 16.5 人でしたが，2019 年は小学校 8.3 人，中学校 39.4 人，高等学校 15.8 人でした。2006 年と 2019 年の

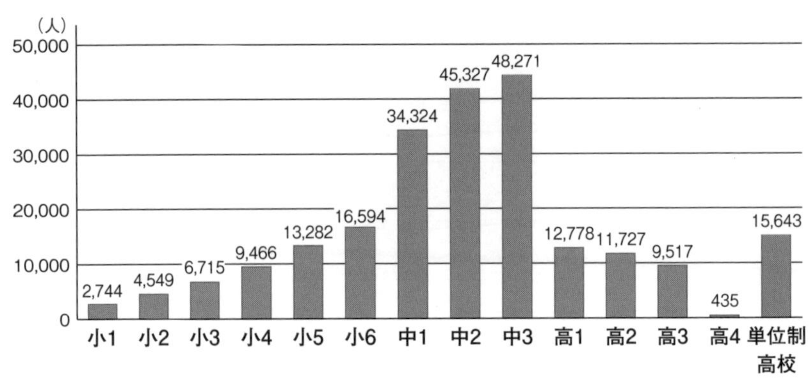

図 1.6　**2019 年の学年別不登校児童生徒数**（文部科学省，2020）

比較では，小学校 2.52 倍，中学校 1.38 倍，高等学校 0.96 倍となっています。小・中学校では，不登校は増加傾向にあり，高等学校では不登校生徒は通信制に行く事例が多数みられます。

次に学年別不登校児童生徒数をみてみましょう（文部科学省，2020）。不登校も中学校になると激増します。図 1.6 は，2019 年における不登校児童生徒数を棒グラフで示したものですが，図 1.3 の加害児童生徒数の場合と同様，「中 1 ギャップ」がみられます。

また，「高 1 クライシス」は，高等学校進学後，学習や生活面での大きな環境変化に適応できず，生徒が不登校に陥ったり，退学したりする現象で，ケースの大半が高校 1 年時に集中していることをいいます。高校では 1 年生の不登校がもっとも多くなっています。2019 年，高校中途退学者数は 4 万 2,882 人に達しますが，この退学も 1 年生がもっとも多くなります。

1.1.3　いじめ認知件数

図 1.7 では，2006 年から 2019 年までのいじめ認知件数の推移を示してあります（文部科学省，2020）。小学校・中学校・高等学校・特別支援学校の合計では，2006 年は 12 万 4,898 人でしたが，2019 年は 61 万 2,496 人と 4.9 倍に急増しています。2006 年と 2019 年の同時期の比較では，小学校 8.0 倍，中学校 2.1 倍，高等学校 1.5 倍，特別支援学校 8.0 倍となっています。いじめが増えた

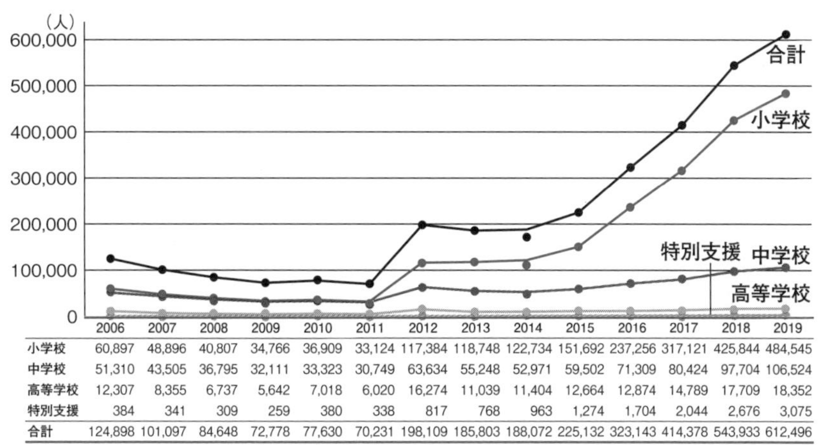

	2006	2007	2008	2009	2010	2011	2012	2013	2014	2015	2016	2017	2018	2019
小学校	60,897	48,896	40,807	34,766	36,909	33,124	117,384	118,748	122,734	151,692	237,256	317,121	425,844	484,545
中学校	51,310	43,505	36,795	32,111	33,323	30,749	63,634	55,248	52,971	59,502	71,309	80,424	97,704	106,524
高等学校	12,307	8,355	6,737	5,642	7,018	6,020	16,274	11,039	11,404	12,664	12,874	14,789	17,709	18,352
特別支援	384	341	309	259	380	338	817	768	963	1,274	1,704	2,044	2,676	3,075
合計	124,898	101,097	84,648	72,778	77,630	70,231	198,109	185,803	188,072	225,132	323,143	414,378	543,933	612,496

※2013 年度から高等学校通信制課程を調査対象に含めている。また，同年度からいじめの定義を変更している。

図 1.7　**いじめ認知件数の推移**（文部科学省，2020）

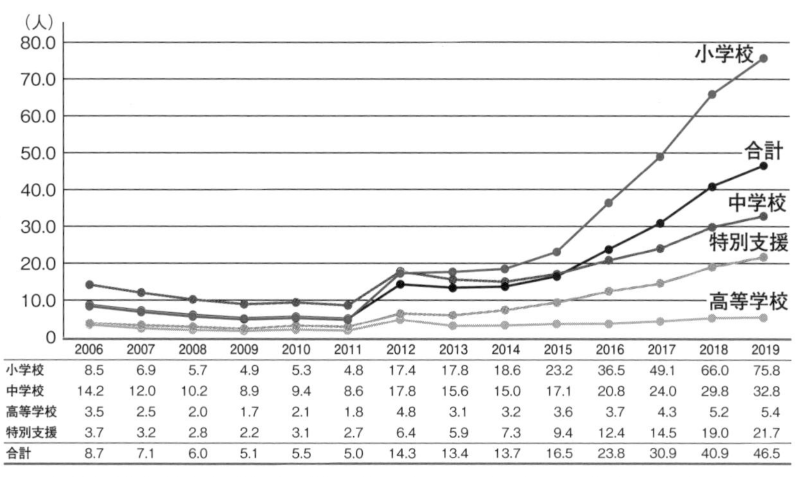

	2006	2007	2008	2009	2010	2011	2012	2013	2014	2015	2016	2017	2018	2019
小学校	8.5	6.9	5.7	4.9	5.3	4.8	17.4	17.8	18.6	23.2	36.5	49.1	66.0	75.8
中学校	14.2	12.0	10.2	8.9	9.4	8.6	17.8	15.6	15.0	17.1	20.8	24.0	29.8	32.8
高等学校	3.5	2.5	2.0	1.7	2.1	1.8	4.8	3.1	3.2	3.6	3.7	4.3	5.2	5.4
特別支援	3.7	3.2	2.8	2.2	3.1	2.7	6.4	5.9	7.3	9.4	12.4	14.5	19.0	21.7
合計	8.7	7.1	6.0	5.1	5.5	5.0	14.3	13.4	13.7	16.5	23.8	30.9	40.9	46.5

※2013 年度から高等学校通信制課程を調査対象に含めている。また，同年度からいじめの定義を変更している。

図 1.8　**1,000 人あたりのいじめ認知件数の推移**（文部科学省，2020）

のは「いじめの定義」が変更されたことも要因の一つとしてあげられます（1.1.5 項参照）。

図 1.8 は，1,000 人あたりのいじめ認知件数の推移ですが，2006 年から 2019

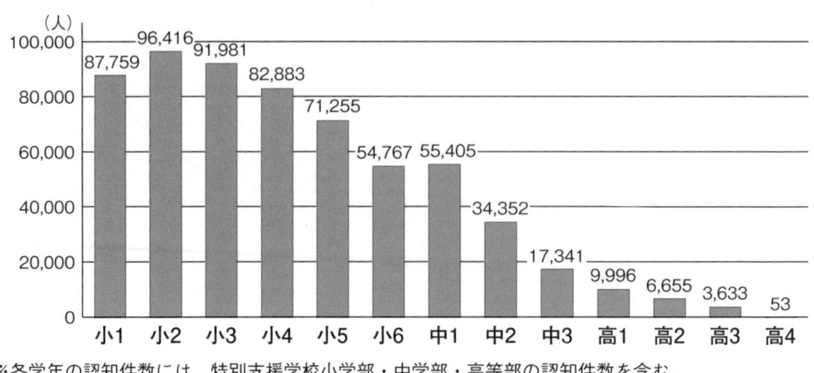

※各学年の認知件数には，特別支援学校小学部・中学部・高等部の認知件数を含む。

図 1.9　**2019 年の学年別いじめ認知件数**（文部科学省，2020）

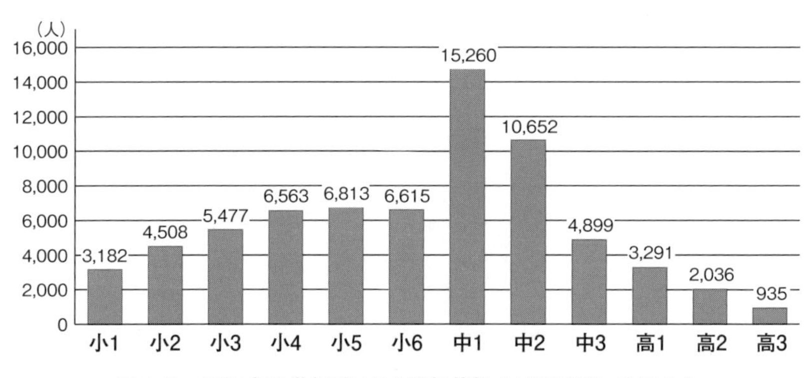

図 1.10　**2011 年の学年別いじめ認知件数**（文部科学省，2012a）

年では，小学校 8.9 倍，中学校 2.3 倍，高等学校 1.5 倍，特別支援学校 5.9 倍，全体では 5.3 倍と急増しています（文部科学省，2020）。いじめの認知件数では，小学校のいじめが急増していることが確認できます。

次に，図 1.9 の学年別いじめ認知件数をみてみましょう（文部科学省，2020）。小学校低学年にも多いことに驚かれるかもしれません。暴力行為や不登校でみられた中 1 ギャップがここでは確認できません。少し年代を戻してみましょう。

図 1.10 のグラフは，2011 年における「いじめ認知件数」です（文部科学省，2012a）。このグラフにおいては「中 1 ギャップ」をはっきりと確認することが

できます。小学1年生のいじめ認知件数は2011年では3,182件でしたが，2019年では8万7,759件と急増しています。保育園や幼稚園から小学校に進学する際，大きな環境変化に伴って新たな問題が生じます。これが「小1プロブレム」と呼ばれている現象の一つです。そのため，子どもたちが新しい環境にうまく順応できるよう，きめ細やかにアプローチしていく必要があります。

1.1.4　都道府県別いじめ認知件数

文部科学省の方針により，いじめの認知が積極的に進められています。そのためか，図1.11の都道府県別のいじめ認知件数には，大きな差が発生しています（文部科学省，2020）。2019年度，1,000人あたりのいじめの認知件数では，一番多い県は宮崎県の122.4件，一番少ない県は佐賀県の13.8件と共に九州となっています。これは，都道府県によっていじめへの取り組み方に差があるためと考えられます。

文部科学省通知では，いじめの認知件数が多い学校について「いじめを初期段階のものも含めて積極的に認知し，その解消に向けた取組のスタートラインに立っている」ときわめて肯定的な評価をしています。同通知では，いじめを認知していない学校にあっては，解消に向けた対策が何らとられていなく放置されたいじめが多数潜在する場合もあると懸念しています。

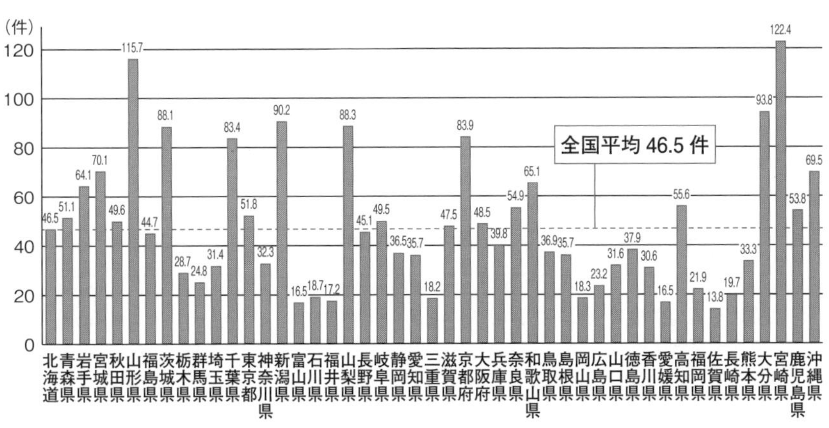

図1.11　**都道府県別1,000人あたりのいじめ認知件数**（文部科学省，2020）

1.1.5 いじめ防止対策推進法

1. いじめの定義の改定

2011年に発生した大津市中2いじめ自殺事件が契機となり，2013年にいじめ防止対策推進法が施行され，いじめの定義も変わりました。いじめ防止対策推進法第2条のいじめの定義では，「この法律において「いじめ」とは，児童等に対して，当該児童等が在籍する学校に在籍している等当該児童等と一定の人的関係にある他の児童等が行う心理的又は物理的な影響を与える行為（インターネットを通じて行われるものを含む。）であって，当該行為の対象となった児童等が心身の苦痛を感じているものをいう。」と定められました。この法律の成立後，いじめの積極的な認知が進められ，いじめの認知件数は急増しました。

2. いじめの重大事態発生件数

いじめ防止対策推進法の第28条では，学校の設置者または学校は，いじめの重大事態に対するための調査を行うものと規定されています。同法で規定する重大事態とは，第1号「いじめにより当該学校に在籍する児童等の生命，心身又は財産に重大な被害が生じた疑いがあると認めるとき」，第2号「いじめにより当該学校に在籍する児童等が相当の期間学校を欠席することを余儀なくされている疑いがあると認めるとき」です。

第1号，第2号共に増加傾向にあり，2019年の重大事態発生件数は723件，うち第1号が301件，第2号が517件と報告されています（文部科学省，2020；表1.1）。いじめが起こったときの的確な対応はもちろん重要ですが，いじめが起こらない予防的な学校づくりの取組みが急務といえます。

表1.1 2019年のいじめ重大事態発生件数（文部科学省，2020）

	小学校	中学校	高等学校	特別支援学校	合計
重大事態発生校数（校）	242	297	111	6	656
重大事態発生校数（件）	259	334	124	6	723
うち第1号	99	137	61	4	301
うち第2号	196	233	86	2	517

※1件の重大事態が第1号及び第2号の両方に該当する場合は，それぞれの項目に計上されている。

1.1.6 自　殺

図 1.12 は，小・中・高等学校から報告のあった児童生徒の**自殺**者数の推移です（文部科学省，2020）。年々増加傾向が続いていますが，2020 年はコロナ禍の影響があり 479 人と急増しました。

図 1.13 は，自殺した児童生徒の学年別内訳です（文部科学省，2019）。中学・高校と学年が上がるにつれて，人数が増加していることがわかります。また，18 歳以下の自殺は長期休業明けの時期に増加する傾向があり，新型コロ

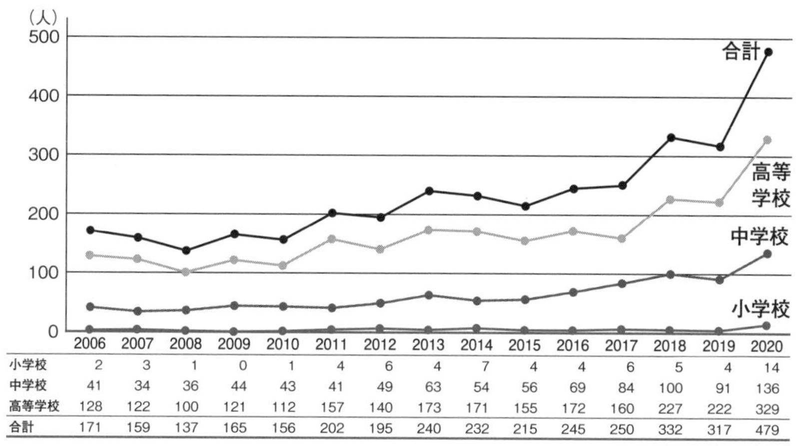

	2006	2007	2008	2009	2010	2011	2012	2013	2014	2015	2016	2017	2018	2019	2020
小学校	2	3	1	0	1	4	6	4	7	4	4	6	5	4	14
中学校	41	34	36	44	43	41	49	63	54	56	69	84	100	91	136
高等学校	128	122	100	121	112	157	140	173	171	155	172	160	227	222	329
合計	171	159	137	165	156	202	195	240	232	215	245	250	332	317	479

図 1.12　**児童生徒の自殺者数の推移（学校から報告のあったもの）**（文部科学省，2020）

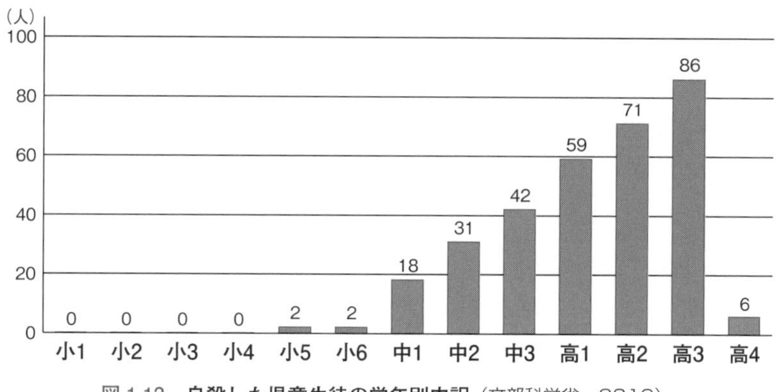

図 1.13　**自殺した児童生徒の学年別内訳**（文部科学省，2019）

ナウイルス感染症に伴う長期にわたる休校は通常の長期休業とは異なって児童生徒の心が不安定になることが見込まれることから，文部科学省は自殺予防などの留意事項について学校設置者に通知をしています。

1.1.7　ネット依存

厚生労働省（2018）は，中学生の12.4%，高校生の16.0%が**ネット依存**に該当し，推計では93万人と，2012年の調査の51万人からほぼ倍増したという調査結果を発表しました。この数字は，中高生の7人に1人がネット依存であることを示しています。ネット依存にはいくつかの定義がありますが，ここでは2つの代表的な定義を紹介します。また，深刻化する海外のネット依存の状況についてもふれます。

1. ヤング（Young, K. S.）の定義

ヤング（Young, 1996）はネット依存を「ネットに過度に没頭してしまうあまり，コンピューターや携帯が使用できないと何らかの情緒的苛立ちを感じること，また実生活における人間関係を煩わしく感じたり，通常の対人関係や日常生活の心身状態に弊害が生じているにもかかわらず，ネットに精神的に嗜癖してしまう状態」と定義しています。

ネット依存のスクリーニングテストで，特に多く用いられているのが，「インターネット依存」の概念を提唱したヤング（Young, K. S.）が作成した Diagnostic Questionnaire（DQ）（1996） と Internet Addiction Test（IAT）（1998）です。DQ は，厚生労働省が 2012，2018 年度に実施したネット依存調査に採用されています。

2. 世界保健機関（WHO）の定義

世界保健機関（WHO; World Health Organization）は，ゲームのやりすぎで日常生活が困難になる「ゲーム障害」を，病気の名称や症状を示す「国際疾病分類（ICD）」で正式に認定しました。そこではゲーム障害の特徴を「ゲームの優先順位が高まり，生活上の問題が生じても，その他の興味や日常の活動よりもゲームを優先して継続またはエスカレートさせるほど，ゲームに対して自らのコントロールを失っており，個人，家族，社会，学業，仕事などにおける

役割に重大な影響を及ぼす状態が，12 カ月以上持続するか，上記症状が重症であること」と定義しています。

3. 韓国のシンデレラ法

ゲーム依存は健康や社会生活に悪影響が出ることから，各国で社会問題となっています。韓国では 2002 年にゲームのやりすぎによる死亡事故が起きたため，青少年のオンラインゲームへの接続を規制する法律「青少年保護法改正案」（通称：シンデレラ法）が制定されました。法律の内容は「午前 0〜6 時まで 16 歳未満の青少年はオンラインゲームの接続を禁止する」となっています。この法律により午前 0 時になると強制的にオンラインゲームにアクセスできなくなります。こうしたゲーム依存者は「ネトゲ廃人」と呼ばれています（芦崎，2009）。

1.2 教育と臨床心理学の立場

現在の学校には，いじめ，不登校などさまざまな問題を抱えている子どもがいます。そこでは，彼らに対する表面的な理解ではなく，臨床心理学を生かした真の理解が求められています。教育相談は，カウンセリングや相談活動を通して，心理臨床と深いつながりがあります。教育相談の必要性は今では当たり前のこととなっていますが，それは不登校・いじめの相談ばかりではありません。子どもたちは，学級での人間関係，家庭の問題などさまざまな悩みを抱えており，すべてが教育相談の対象となります。ここでは臨床心理学がどのような経緯をたどって教育に生かされるようになったかについてみてみることにしましょう。

1.2.1 教育相談と生徒指導の対立

1970 年代後半から 1980 年代前半は，校内暴力の嵐が吹き荒れた時代でした。授業は崩壊し，教室の窓ガラスは割られ，校内ではタバコやシンナーを吸う生徒もいました。その時代，教育相談に対しては「子どもを甘やかすので必要ない」「もっと厳しく指導しないといけない」といわれ，教育相談と生徒指導は両立できないものと見なされていました。

たとえば，子どもが万引きをしたとします。**教育相談**では，万引きをした子どもに対して受容的・共感的に接して，問題の解決を図ろうとします。そのような子どもも，さまざまな家庭の状況を抱えている可能性もあると考えられるからです。しかし，**生徒指導**では，善悪の区別をしっかり教えることが大切だと考えます。そのため，教育相談は「生ぬるい。子どもをつけ上がらせるだけだ」といわれ，教育相談と生徒指導は対立していったのです。

1.2.2　カウンセリングマインド論

『生徒指導の手引』（改訂版；文部科学省，1981）は，『生徒指導提要』（文部科学省，2011）の前身で，生徒指導における学習指導要領ともいえます。そこには，生徒指導のあるべき姿は，「生徒指導（訓育的対応）と教育相談（相談的対応）を両輪としておこなうもの」と明記されていました。

その後，相談的姿勢として，受容・共感というカウンセリングの基本姿勢を強調する**カウンセリングマインド論**が広がっていきました。この時期，教育相談の理念や考えは議論されていましたが，教育相談の具体的な内容についての議論は大野（1997）によって浸透していきました。

1.2.3　学校教育相談の体系化

大野（1997）は，自らの実践をもとに**学校教育相談**の独自性や固有性を明確にし，理論化することで，具体的な教育相談のあり方を提示しました。すなわち，学校教育相談とは，カウンセリングだけでなく，コンサルティング（連携・チーム支援），コーディネイティング（関係機関との連携・調整），プロモーション（促進活動）などを具体化し，それらをインテグレーション（統合活動）することとして明確化したのです（図 1.14）。

1.2.4　学校心理学

アメリカでカウンセリングを学んだ石隈は，『学校心理学——教師・スクールカウンセラー・保護者のチームによる心理教育的援助サービス』（1999）を

インテグレーター（統合活動）

- **カウンセラー**
  - **カウンセリング**（カウンセリング・危機介入・心理テストなどのアセスメント）
  - **コンサルティング**（担任・校務分掌・保護者への協力・助言・協働）
  - **コーディネイティング**（適応指導学級・関係機関との連絡・調整）
  - **相談室の管理・運営**（記録保管・管理，相談担当者の決定）
- **プロモーター**
  - **相談活動の計画立案**（学校での教育計画を見通した年間計画作成）
  - **校内研修会・事例研究会の企画・運営**（テーマ設定・講師依頼・広報活動）
  - **相談関係情報の提供**（文献・資料の収集・配布，校外研修会の紹介）
  - **相談にかかわる広報・調査・研究**（相談室だより発行，アンケート調査や研究）

図 1.14　**学校教育相談の全体的な枠組み**（大野，1997）

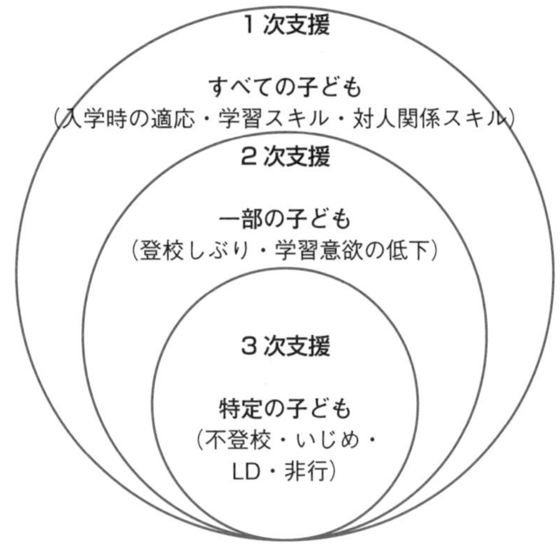

図 1.15　**3 段階の援助サービス――その対象，および問題の例**（石隈，1999）

刊行し，**学校心理学**を紹介することで生徒指導・教育相談・特別支援教育の進むべき方向性を示しました。これにより，1 次支援～3 次支援の概念（図 1.15），チーム支援，コンサルテーションなどの理念が広く普及しました。

石隈（1999）は，日本の学校心理学の対象領域を，学習面，心理・社会面，進路面，健康面の 4 領域でとらえています。日本とアメリカとでは，学校制度，学校文化も異なります。アメリカでの生徒指導は，スクールカウンセラー，スクールサイコロジストに任せられる傾向がありますが，日本では，教師が教科指導，学級担任，教育相談など，教育の全領域を担当しながら生徒指導も行っています。それらの違いを踏まえて，日本の学校教育の特性を考慮した包括的な学校支援モデルが模索されました。

1.2.5　ASCA（アメリカ・スクール・カウンセラー協会）から学ぶ

中野は，ASCA（American School Counselor Association；アメリカ・スクール・カウンセラー協会）のアメリカのスクールカウンセリングプログラム国家基準となる，スクールカウンセリングスタンダードを紹介しました（Campbell & Dahir, 1997 中野訳 2000）。

ASCAのスクールカウンセリングプログラムは，ナショナル・スタンダード（国家基準）であり，幼稚園から高校までの発達段階を踏まえた，「学業的発達」「キャリア的発達」「心理・社会的発達」の3領域で構成されています。この3領域が日本での学校心理学の基礎となっていきました。大野（2002）は，ASCAと連携を図り，さらに東アジア圏の国・地域の教育関連団体と交流することで，その活動からさまざまな知見を得ることができました。

1.2.6　MLA（マルチレベルアプローチ）

栗原（2017）は，MLA（マルチレベルアプローチ）と呼ばれる包括的生徒指導プログラムを提唱しました。その特徴は，心理的・社会的・学業的・キャリア的・身体的の5領域での全人的成長プログラム，すべての児童生徒の成長を意識した1次～3次の多層的プログラムを備えたアプローチです。

そこでは，従来からある学級経営，教育相談，生徒会・児童会活動を大切にしながら，4つのプログラムを取り入れています。4つのプログラムとは，①気持ちを理解する能力を育成するSEL（Social and Emotional Learning；社会性と情動の学習），②道徳性・ルールを学ぶPBIS（Positive Behavioral Interventions and Supports；ポジティブな行動介入と支援），③助け合うことを学ぶピアサポート，④対人関係と真の学力を身につける協同学習，で，個人の成長，集団の成長を包括的に育むことを目指しています。SEL，PBIS，ピアサポートの詳細は第 3 章にまとめてあります。

この 4 つのプログラムを支えるのが，異校種連携，チーム支援で，さらに，共感的理解，アセスメント，UDL（Universal Design for Learning；学びのユニバーサルデザイン）を重視し，これら全体が学力とキャリア発達を支えるという構造になっています。栗原（2017）は，MLA の取組みを「誰もが行きたくなる学級・学校づくり」と呼んでいます。彼は，この MLA を各教育委員会と連携して教育現場に導入し，不登校の激減や学力向上などの成果を上げています。

1.3　文部科学省の動向と SC・SSW の教育への参入

学校を取り巻く問題は多様化・深刻化しています。特にいじめと不登校は大きな社会問題となっています。また，社会に衝撃を与えるさまざまな事件も起こり，それに対して文部科学省が施策を打ち出してきました。ここでは時系列をたどりながら，文部科学省の動向をみていくことにします。

1.3.1　いじめの深刻化

1986 年，東京都中野区で起きた中学生いじめ自殺事件は，学級担任がお葬式ごっこなどのいじめに加担していたこともあり，社会的に注目されました。その後もいじめは後を絶たず，1994 年，愛知県西尾市で中学生いじめ自殺事件が起こります。生徒の死後，遺書が見つかり，その悲惨ないじめの事実は社会に衝撃を与えました。

1.3.2　SC（スクールカウンセラー）の配置

1997 年，酒鬼薔薇聖斗と名乗る少年による神戸連続児童殺傷事件は，社会を震撼させました。それと前後して，1995 年，臨床心理士などの“心の専門家”を全国の学校に配置するスクールカウンセラー制度が導入されました。当時の文部省（現文部科学省）が「スクールカウンセラー活用調査研究委託事業」を立ち上げ，全国154校にスクールカウンセラーが派遣され，2018年度には全公立小中学校（2万7,500校）への配置を目標にするところまで普及しました。

SC（スクールカウンセラー）は，子ども・保護者のカウンセリングばかりでなく，心理検査や学校でのコンサルテーションなども行っています。これまでSCは3次支援を得意としてきましたが，「チーム学校」の一員として，1次支援，2次支援における役割にも期待されています（半田，2016）。

1.3.3　キレる子どもたちの存在

1990年代から2000年代にかけて，「**キレる子どもたち**」の存在が注目されるようになりました。1998年に発生した栃木女性教師刺殺事件（黒磯教師刺殺事件）は，中学校内での事件でした。この事件を起こした当時13歳の少年は，補導歴や問題行為などのない，いわゆる「良い子」「おとなしい子」であったことが社会に衝撃を与えました。少年は，授業に遅刻したことを女性教諭に注意され，カッとなって持っていたナイフで刺したのです。少年がナイフを校内に持ち込んでいたことが問題となり，各地で所持品検査の是非を問う論議が起こりました。

1.3.4　学級崩壊

この事件と同時期に小学校での**学級崩壊**が顕在化し，社会問題となりました。文部科学省の学校経営研究会（1998）の調査研究によると，学級崩壊は経験の少ない若い先生ばかりに起こるのではなく，ベテランの教員にも起こっていることがわかっています。

また，全国連合小学校校長会（2006）は，学級崩壊の状況にある学級は，全小学校の8.9%に上ると報告しています。河村・武蔵（2008）は，児童生徒間に一定のルールと，良好な人間関係が同時に確立している学級では学級崩壊が起こらないことを実証的に明らかにし，学級経営のあり方に示唆を与えました。

1.3.5 発達障害

このように学校で混乱が続く中，文部科学省は「通常の学級に在籍する特別な教育的支援を必要とする児童生徒に関する全国実態調査」を実施しました。その結果，「知的発達に遅れはないものの学習面や行動面で著しい困難を示すと担任教師が回答した児童生徒」が6.3％に及ぶことがわかりました（文部科学省，2002）。

その後，発達障害者支援法（2004）が成立し，情動のコントロールや対人関係に課題をもつ**発達障害**のある子どもが，通常学級に相当数在籍していることが理解されるようになりました。同様の調査によると，発達障害のある子どもの割合は6.5％と報告されています（文部科学省，2012b）。

1.3.6 特別支援教育コーディネーター

こうした状況に対して文部科学省（2003）は，**特別支援教育コーディネーター**をおく必要性に言及しました。学校現場からは特別支援教育の専門家の配置を望む声が上がりましたが，日本にそれほど多くの専門家がいなかったこともあり，教師の中から特別支援教育コーディネーターを指名し，研修によって彼らを専門家として位置づけるという方向がとられました。

2014年，日本政府は国連の「障害者の権利に関する条約」を批准しました。これによってインクルーシブ教育が進み，共生社会への実現に向けて追い風となるといわれています（拓植，2013）。

1.3.7 児童虐待

さらに2000年代に入って表面化したのが，**児童虐待**の問題です。児童相談所への虐待相談件数は1990年は1,101件でしたが，2019年は19万3,780件と30年間で176倍になりました（厚生労働省，2020）。児童虐待防止法と児童福祉法の改正法が2019年に成立し体罰禁止が法制化されましたが，その大きなきっかけは親の虐待で子どもの命が奪われる，という最悪の事態が相次いだからです。ようやく法に「児童のしつけに際して体罰を加えてはいけない」旨が明記されたのです。

世界では，1979年にスウェーデンが初めて子どもへの体罰等を法律で禁止しました。その後，1989年に国連で「子どもの権利条約」が発効され，体罰が禁止されました。日本では2019年にようやく「児童虐待防止法」と「児童福祉法」が改正され，世界で59番目の体罰全面禁止国となりました。しかし，日本における取組みはまだ遅れているといえます。

1.3.8 SSW（スクールソーシャルワーカー）の配置

家庭や関係機関との連携推進のために，2008年より文部科学省の「スクールソーシャルワーカー活用事業」が始まり，SSW（スクールソーシャルワーカー）が導入されました。学校と家庭や地域（関係機関）をつなぐ人材が全国の自治体において活動しています。SSWは，教育と福祉の両面に関して専門的な知識・技能を有するとともに，教育や福祉の分野に活動実績のある，社会福祉士や精神保健福祉士などが多く従事しています。

厚生労働省（2017）が発表した「平成28年国民生活基礎調査」によると，日本の相対的貧困率は15.6％となり，7人に1人が貧困状態にあるといわれています。相対的貧困率の15.6％のうちの半数がひとり親世帯であることも大きな問題です。ひとり親の場合，家事，仕事，育児を一人で行わなければなりません。たとえば，親はお金を稼がなくてはいけないため深夜まで仕事をし，家に帰れないというケースもあります。日々の疲労やストレスが蓄積されていくと，身体的・精神的な問題や虐待にもつながりかねません。

子どもの将来がその生まれ育った環境によって左右されることがないように，2014年に施行された「子どもの貧困対策の推進に関する法律」では，学校を子どもの貧困対策のプラットフォームとして位置づけました。

SSWは，問題を抱える児童生徒がおかれた環境への働きかけや，関係機関等とのネットワークの構築・連携・調整での活動が専門であり，虐待やDV，貧困などに対応することが期待されています。

1.3.9 教育相談コーディネーター

文部科学省は2017年に「児童生徒の教育相談の充実について（通知）」にお

いて「学校において，組織的な連携・支援体制を維持するためには，学校内に，児童生徒の状況や学校外の関係機関との役割分担，SCやSSWの役割を十分に理解し，初動段階でのアセスメントや関係者への情報伝達等を行う教育相談コーディネーター役の教職員が必要であり，教育相談コーディネーターを中心とした教育相談体制を構築する必要がある」と述べて「**教育相談コーディネーター**」の設置を打ち出し，その体制づくりに向けて検討が続けられています。

1995年以降の約20年間は，いじめ・不登校・発達障害・学級崩壊・虐待・貧困・自殺などの問題が次々に顕在化しました。この期間は，そうした問題に対して，SC，特別支援教育コーディネーター，SSWの配置など，さまざまな施策が打たれた時期といえます。

1.3.10　教育相談コーディネーターの業務と校内支援体制づくり

文部科学省（2017）の「児童生徒の教育相談の充実について（報告）」には，教育相談コーディネーターの主な業務が8つあげられています（表1.2）。

今西（2013）は，教育相談コーディネーターを活用した校内支援体制づくりを進めるにあたって，協働的な学校風土を背景に，管理職のリーダーシップ・バックアップのもと，システム，サイクル，コーディネーターという3つの視点が歯車のように相互に関連し合って機能していくことが重要であるとしました（図1.16）。

ここで，システムを機能させるために考えられているのがサイクルの視点です。ここでは，アセスメントから支援に向かう一貫したマネジメントサイクルを年間を通して機能させていくために，児童生徒の支援をめぐる取組みを年間行事計画の中に具体的な取組みとしてどう位置づけ，年間を通して一つひとつ

表1.2　**教育相談コーディネーターの主な業務**（文部科学省，2017）

① SC，SSWの周知と相談受け付け	⑤ 児童生徒や保護者，教職員のニーズの把握
② 気になる事例把握のための会議の開催	⑥ 個別記録等の情報管理
③ SC，SSWとの連絡調整	⑦ ケース会議の実施
④ 相談活動に関するスケジュール等の計画・立案	⑧ 校内研修の実施

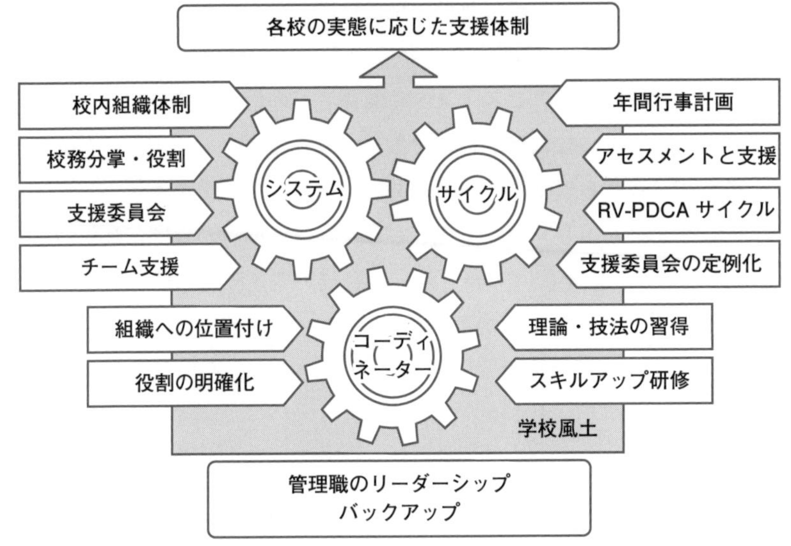

図 1.16　**校内支援体制づくりの概念モデル**（今西，2013）

コラム 1.1　8050 問題

「若者の生活に関する調査」（内閣府，2016）では，15 歳から 39 歳までの引きこもりの数が 54.1 万人と発表されました。引きこもりの中でも深刻化しているのが「中高年の引きこもり」で，40 歳以上の引きこもりの調査が初めて実施されました。「生活状況に関する調査」（内閣府，2018）では，40〜64 歳までの引きこもりの数が 61.3 万人と報告されました。つまり，64 歳までの引きこもりが，日本には 115 万人くらいいるのです。この数字は大変な数です。その方々は就労していませんので，その多くが保護の対象になる可能性があります。引きこもりの数を 115 万人とすれば，その保護者や家族を含めると 300 万人くらいの方々が苦しんでいることになります。40 歳，50 歳になっても引きこもりが続くと，その親はすでに 80 歳近くになっていて，年金で引きこもりの子どもを養うことになります。これは，「**8050 問題**（はちまるごーまる）」という，新たなキーワードを生み出しています。

このような実態を踏まえ，筆者は子どもが学校を出た後は自立していることが大切だと思うようになりました。本章でみたように，学校では，いじめ，不登校，ネット依存などさまざまな問題に直面しています。引きこもりに陥らないようにするためには，子どもが生きる力を備えてたくましく成長していくことが肝要です。

の取組みをどうつなげていけばよいか検討します。そして，こうした支援のシステムとサイクルを実際に機能させるよう調整し，運営していくのがコーディネーターの役割です。これらの点が相互に機能し合って，各校の実態に応じた支援体制づくりが可能になるといいます。

参考図書

石隈 利紀（1999）．学校心理学——教師・スクールカウンセラー・保護者のチームによる心理教育的援助サービス——　誠信書房

栗原 慎二（編著）（2017）．マルチレベルアプローチ　だれもが行きたくなる学校づくり——日本版包括的生徒指導の理論と実践——　ほんの森出版

大野 精一（1997）．学校教育相談——理論化の試み——　ほんの森出版

復習問題

1. 日本の子どもたちを取り巻く現状について説明してください。
2. 学校心理学について説明してください。
3. 教育相談コーディネーターについて説明してください。

第2章 教育における心理臨床の方法

本章では，学校でもっとも役に立つと思われる，来談者中心療法，選択理論，ブリーフセラピー，認知行動療法について解説していきます。カウンセリング技法にはさまざまなものがありますが，最初から1つの技法にこだわるのではなく，まずはいろいろな技法にふれることにしましょう。人には一人ひとり，性格の違いや個性や持ち味があります。広くカウンセリングを学んだ後，自分の性格，個性に合ったカウンセリングを深く学ぶとよいかと思われます。

2.1 カウンセリング・学校教育相談の教育への導入

2.1.1 学校教育での誤解

教育相談のあり方の議論は，教育相談の歴史と共に推移してきました。教育相談への典型的な批判は，「教育相談は甘い」「手ぬるい」というものです。「教育相談は生徒指導には役に立たない」「善悪の区別はわからせるべきだ。ただ話を聞くことに努めても何にもならない」という指摘を受けていたこともありました。教育相談という言葉には，カウンセリングも含まれていますから，こういった批判は「カウンセリングしたって，何にも変わらない」「非行生徒には，カウンセリングは使えない」と言い換えることもできます。

しかし，このような批判のほとんどは，教育相談に対する誤解に基づいていると考えられます。真の**教育相談**や**カウンセリング**とは，端的に言うと児童生徒を現実に対峙させ自己実現を図ることなのです（金山，2000）。

2.1.2　教育相談の本質

教育相談では，相談場面を通して，今のままの自分でいいのか，人間として生きるとはどういうことなのかを教師と児童生徒が真剣に向き合って一緒に考えていきます。教育相談とは，児童生徒が自分自身の体験と感情を明確に意識し，その中で自己選択・決断・責任を自ら引き受けるように援助するプロセスなのです。

しかし，なぜ教育相談は批判を浴びることになったのでしょうか。それは，1つのカウンセリングの技法に執着しすぎたり，閉ざされた教育相談室の中だけで相談を展開し，不登校などの非社会的な児童生徒だけに対応していたからに他なりません。現実に対峙する教育相談とは，複数のカウンセリングの技法を身につけ，児童生徒に適した援助方法を展開でき，かつ，教育相談室に閉じこもるのではなく，学級経営，授業，進路指導，生徒指導，教師への援助，保護者への援助，関係機関との連携などもできることです。

2.1.3　折衷主義的カウンセリング

子どもたちは，いじめ・不登校・非行だけでなく，虐待・発達障害・愛着障害などさまざまな課題を抱えています。さらに，家族の問題，本人の精神的な問題，学級内の人間関係，教師との関係，学習面など，子どもの抱える問題は多岐にわたります。カウンセリング理論・心理療法の諸派によって問題解決の手法は異なります。しかし，問題解決のためには特定の理論や療法，カウンセリング技法に偏らず，使えるものは何でも使おうという**折衷主義**的立場が必要です（國分，1981）。

問題解決のためには，主要な理論の優れたところを取捨選択し，状況に応じてどの技法を適用したらよいかを適宜判断し，再構成して活用することが望ましいです。まずは，カウンセリングの土台となる，来談者中心療法からみていくことにしましょう。

2.2 来談者中心療法

2.2.1 来談者中心療法の概要

来談者中心療法（クライエント中心療法）は，ロジャーズ（Rogers, C. R.）によって生み出されました。来談者とクライエントは同じ意味で，共に相談に来た人のことです。

このカウンセリングの特徴としては，治療者である医者の権威性を否定し，医師以外の非専門家の人々へもクライエント中心の援助者としてのアイデンティティを提供したことや，科学的な実証研究を遂行してきたことなどがあげられます。

ロジャーズの著書『カウンセリングと心理療法（*Counseling and psychotherapy: Newer concepts in practice*）』（1942）は議論を呼び，心理臨床における指示―非指示論争を生むこととなりました。指示とは，カウンセラーがクライエントに対して，「ああしなさい」「こうしなさい」と言うことです。一方，非指示とは，カウンセラーはクライエントに指示を出さずに，気づきや成長を促していくことです。

ロジャーズは，「クライエントが自ら責任をとることや自由な表現の尊重，場面構成によって，自らがこの場の主体であり，自己決定の方向が示唆される。これらはカウンセラーの受容や明確化によって進行し，洞察に導かれる。それとともに新しい行動が積極的に起こり，洞察と行動が深く広く統合されるにつれて，独立した人格としてのクライエントが明確にあらわれはじめ，終結を自ら決定する。」と述べています（友田，1996）。

2.2.2 来談者中心療法の３条件

ロジャーズは，カウンセリングを受容（条件の肯定的配慮），共感（共感的理解），自己一致（純粋性）と定義しました。以下は，ロジャーズが提唱したカウンセラーに求められる３つの態度です。

1. 受容（条件の肯定的配慮）

「受容」とは，クライエントが訴えている内容，感情，行動をカウンセラーの価値観などを交えず，無条件に受け入れることです。まずは，相手をあるがままに受け入れ，積極的に聴く姿勢を見せることでクライエントへの尊重を表します。ありのままの自分を受け入れられたと実感できたクライエントは，自由に自分を表現できるようになるといわれています。

教師の立場でいえば，教師は好き嫌いで子どもを選ばず，すべての子どもを受け入れなくてはなりません。教師は子どもを一人の人間として受容することが必要だといえます。

2. 共感（共感的理解）

「**共感**」とは，「相手の立場に立って物事を見る」ということです。相手の気持ち・感情に付き合い，クライエントの訴えや感情を自分のことのように理解し，それを正確に伝えることができたとき，クライエントは自分の内面をもっと自由に経験できるようになります。

教師の立場でいえば，教師は子どもの話に共感することが必要です。共感と同情は違います。相手が「つらい」「悲しい」と言ったとき，そのつらさと悲しさは，どのレベルなのかを考えます。常に子どもの気持ち・感情を理解しようとします。

3. 自己一致（純粋性）

「**自己一致**」とは，カウンセラーが感じていることと，クライエントに対する言葉や態度が一致しているかどうかということです。カウンセラーがありのままの純粋な存在であろうとすれば，クライエントもありのままの自分となって心を開きます。

教師の立場でいえば，教師は，自分の心・発言・態度を，自己一致させることが必要です。態度では好意的なのに，心の中では相手をバカにしたり，嫌ったりするのは自己不一致といえます。話を聞いている時間は，全身全霊で聴くことです。

2.2.3 来談者中心療法ができるまで

ロジャーズは児童虐待防止協会（日本の児童相談所）で，登校拒否，自閉症，非行といった問題を抱えた子どもたちや恵まれない環境におかれた子どもたちのカウンセリングをしていました。しかし，子どもたちはカウンセリングが終了しても再び問題行動を繰り返すので，ロジャーズはカウンセリング方法に限界を感じていました。それまでのカウンセリングはカウンセラーが中心で，「ああしろ」「こうしろ」と指示する傾向が強かったのです。

ロジャーズは，ある多動児の母親のカウンセリングを行う際，当初，「ああしなさい」「こうしなさい」と指示をしていました。しかし，カウンセリングの効果がまったくなかったので，ロジャーズと母親はカウンセリングをやめることにしました。その母親は，ロジャーズにお礼を言って部屋から出ようとしたときに，「ここでは，大人のカウンセリングはしないのでしょうか。実は，私は子どものことより，自分のことを話したいのです」と言いました。

彼女は，自分の生育歴から，現在の夫婦関係，自分の悩みについて話し，それが子どもに影響しているように思う，とロジャーズに伝えました。そして，母親の問題を解決しようとするうちに，子どもの多動は解決していったのです。この経験からロジャーズは，クライエント自身が自分の問題の原因を知っていると考えました。このようにして，ロジャーズはクライエントの力を信じてカウンセリングをする来談者中心療法（クライエント中心療法）の必要性を説くようになったのです（Rogers, 1942 末武ら訳 2005）。

2.2.4　ロジャーズの理論

カウンセラーの考えの押しつけや強圧的な態度では一時的な効果しか望めないことを経験したロジャーズは，カウンセラーとクライエントの関係性に着目するようになりました。クライエントが問題の本質を知っていることに気づいたロジャーズは，カウンセラーがクライエントの力を信じ，援助する「来談者中心療法（クライエント中心療法）」を生み出しました。

来談者中心療法では，クライエントや人間を尊重するという理念や，カウンセラーの条件・信頼関係の構築に不可欠な人間的態度の重要性が示されています。人間の潜在的な可能性である自然回復力や自己実現力を信じ，クライエントに寄り添うことがロジャーズの理論の根底にある考え方といえます（久能ら，2006）。

次に，学校では特に有効だと思われる，選択理論，ブリーフセラピー，認知行動療法についてみていきます。

2.3 選択理論

2.3.1 選択理論の概要

グラッサーの選択理論（Glasser, 1999 柿谷訳 2003）では，人生は選択の束であるといいます。人間の行動は自分が選択したものです。たとえば，非行生徒はさまざまな選択肢がある中で，自ら選択して非行を繰り返しています。「～によって不幸にさせられた」のではなく「自分で不幸な道を選択した」のです。「不登校生徒」「非行生徒」「ニート」もさまざまな選択肢がある中で，自ら選択して「不登校」「ニート」になっているといえます。リストカット，摂食障害も同じです。しかし，自分の選択したそれらの行動では，社会に適応できず，そのためにストレス反応・身体反応を引き起こします。よって，教師やカウンセラーは，社会的に承認できる再選択を援助する必要があるのです。

2.3.2 選択理論と従来のカウンセリングとの違い

従来のカウンセリングでは，クライエントの抱えている問題の原因は，過去の生育歴・体験にあると考えます。それに対して選択理論では，過去の生育歴や体験は重要視せず，「今，どう生きるべきか」に焦点をあて，自分の行動を評価し，より良い行動を選択していきます。過去がどうであれ，親がどうであれ，クライエント自身は今よりもっと良くなれると考えるため，過去の生育歴や親が原因で問題行動をしているという言い訳は認めない厳しい理論となっています。

2.3.3 自己の「選択」の気づきから「再選択」へ

選択理論では，過去，他人，環境，親，性格，年齢などのせいにする「言い訳」，そうしなければならない「こだわり」から離れ，どうして問題のある「選択」をしていたのかに気づかせます。そして，過去がどうであろうとも，

コラム 2.1　選択理論と非行生徒

金山（2018）は，選択理論を用いた事例を紹介しています。万引き，深夜徘徊，シンナーなどの非行を繰り返していた中学生のA君が相談室を訪れました。カウンセリングが進むにつれ彼は「父さんはいつも暴力ばかりで，母さんは勝手に家出した。親はみんな勝手だ」と語り出しました。カウンセラーは彼の気持ちを十分に受け止めた上で「お父さんの暴力やお母さんの家出は君の責任ではない。でも，学校をサボったり，バイクを盗んだりするのは君の責任だよ」と言って，親と本人の責任を区別しました。

このように，家庭での葛藤を学校生活に持ち込み，自己を正当化しようとする生徒は少なくありません。そのような場合は責任の所在を明確にし，自己の責任について自覚を促し，行動を再選択させることが大切です。親や環境などのせいにする言い訳を認めず，なぜ問題のある行動を選択していたかに気づかせます。「親のことで面白くないのはわかるよ。でもA君の人生だよ。A君はどう生きたいの？」。このように，〈気持ち〉は理解しても〈行動〉は認めません。〈説得〉と〈納得〉は違います。本人が納得しなければ行動は変化しません。過去がどうであろうとも，本来の自己イメージの理想や願望を鮮明にして，効果的な行動を再選択させます。

人間は失敗や挫折を繰り返しながら成長していきます。そう考えると問題は成長のための贈り物であり，挫折や失敗は，成長のためのチャンスでもあります。直面する問題に向き合い，問題をしっかりと受け止めることにより，たくましい心が育ちます。選択理論でのカウンセリングと学年チームのフォローアップにより，A君は少しずつ心を開き，行動が改善していきました。

本来の自己イメージの「理想」や「願望」を鮮明にして，解決のゴールを設定し，効果的な行動を「再選択」していきます（図 2.1）。教師やカウンセラーは，生徒が「再選択」できるように情報を与え，アプローチしていきます。

図 2.1　選 択 理 論

2.4 ブリーフセラピー

2.4.1 ブリーフセラピーの概要

「ブリーフ（brief）」とは「短期の」という意味です。**ブリーフセラピー**とは「短期間で，効率的に，効果的に行うセラピー」のことを指し，日本語では「短期療法」と訳されています。その名の通り，クライエントとどう関わることが毎回の面接を効果的にし，結果として面接期間を短縮できるかにこだわって開発されたモデルです。ブリーフセラピーは，狭義には天才的治療者といわれたエリクソン（Erickson, M.）による治療実践に啓発されて作られた解決志向アプローチをモデルとしています（宮田，1997）。

2.4.2 解決志向モデル

ブリーフセラピーは，問題志向ではなく解決志向といわれています。

問題の原因を取り除くことが困難な場合や，複合的・特定不能・解消不能な場合は，原因が明確に把握できたとしても，それらを取り除くことは難しくなります。たとえば，生育歴・家族要因に問題があると認識できたとしても，生育歴は変えられないし，親も取り替えることはできません。そのため，ブリーフセラピーでは問題（過去）志向モデルより，**解決**（未来）**志向モデル**のほうがより現実的と見なします（図 2.2）。

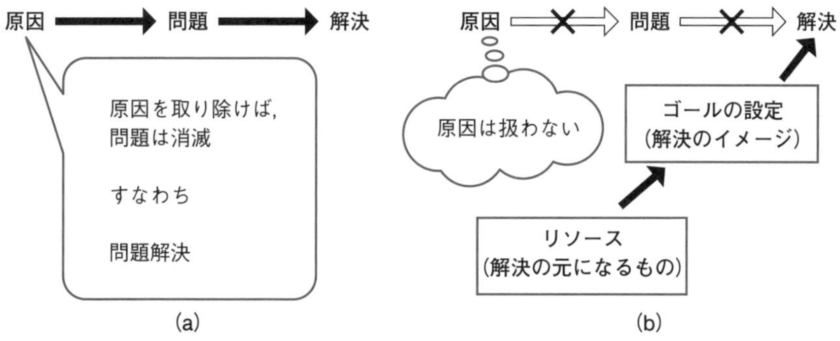

図 2.2　**問題志向モデル（a）と解決志向モデル（ブリーフセラピー）（b）**

1. リソース

「リソース」は資源と訳され，「今，子どもがもっているもの」ととらえます。子どもにないものを求めるより，今，子どもがもっているもの，子どもにあるものを探し，それらを利用しようというものです。リソースには，内的（個人内）リソースと外的（外部）リソースがあります。内的リソースは，性格・能力・興味・関心があること・得意なことなどです。外的リソースは，その人に関わる人・家族・友人・教師などです。

2. ゴール

小さなゴールを設定します。今ではなく，未来に目を向けることで解決のイメージを膨らませていきます。ゴールがあれば，それに向けての行動もできますし，希望も夢も膨らみます。まずは，具体的な解決のイメージをもつことで，その目標とするゴールに向けての具体策を考えていくことができます。

2.4.3 ブリーフセラピーの考え方

1. うまくいっていることを続ける（Do more）

ブリーフセラピーでは問題の「原因」よりも「解決」に着目することから，現時点において“問題が起きていないとき，比較的にマシであるとき”である「例外（Exception）」に目を向けます。そして，その「例外」状況を生んでいる行動やコミュニケーションの仕方を特定し，「例外」が増えるような働きかけを行います。こうしたアプローチを「Do more」と呼びます。

教師が，親からきょうだいゲンカの相談を受けました。その相談の中から，良いところの「例外」を探し，その中に解決策を見出していきます。

たとえば，

親　「家では，弟とのケンカが多いんです」

教師「もう少し具体的に，教えてもらえませんか」

親　「週に2回は，弟にちょっかいを出して叩いて，ケンカしてしまうんです」

教師「週に5回はケンカしないことがあるのですね。ケンカをしないときには，どんなことがありましたか？」

のように聞いてみます。その中に，例外探しやリソースがあるのです。このケースでは，母親が仕事から早く帰ってきて子どもと関わる時間が多いときは，ケンカが少ないことがわかりました。

2. これまでとは何か違うことをする（Do different）

事例によっては「例外」状況の特定が困難であることもあるかもしれません。その場合には，問題の維持に強く関係していそうな悪循環的なパターンの特定を図ります。そして従来のパターンとは異なるパターンを作れるような行動やコミュニケーションが生まれることを意図した働きかけを行います。このようなアプローチを「Do different」と呼びます。

ブリーフセラピーでは，問題が起きていない良循環を拡張するアプローチ「Do more」と，悪循環を断つというアプローチ「Do different」とがあり，これらを両輪として，問題解決への働きかけを行っていきます。

2.4.4　ブリーフセラピーの技法

ブリーフセラピーにはいくつかの特徴的な技法があります。解決志向モデルは，従来の問題志向とは異なり，問題，病理，原因にこだわるのではなく，クライエントのもっているリソース・解決像に焦点をあてる方法です。そのため，真にクライエントを支え，クライエントの能力を引き出す，安全で効果性の高いモデルとなっています。

1. スケーリング・クエスチョン

〈例〉 教師「最悪のときを1点，最高のときを10点とすれば，今のあなたはどれぐらいかな？」

生徒「今は，3」

教師「その3点はどんな内容なの？」

※3点の中にも，有効なリソース（趣味・特技・人間関係・状況）がある可能性もあります。

教師「3点から1点上げるには，どんなことをすればいいのかな？」

※小さなゴールを設定し，解決志向に向かわせます。

2. ミラクル・クエスチョンとタイムマシーン・クエスチョン

これらのクエスチョンは，ゴールのイメージを具体化する質問技法として有効です。ミラクル・クエスチョンでは，「もし，問題がすべて解決したら，どのようになっていますか？」のように問いかけます。タイムマシーン・クエスチョンでは，「5年後の解決像はどのような感じですか？」のように問いかけ，未来のイメージをもたせるようにします。

2.5 認知行動療法

2.5.1 認知行動療法の概要

認知行動療法は，行動療法，エリス（Ellis, A.）による論理療法，ベック（Beck, A. T.）による認知療法をベースにして提案されました。認知行動療法は，コモンセンス（常識）に基づくアプローチであり，以下の2つの考えを基盤においているといいます（Beck et al., 1979）。

①認知は情動と行動に対して支配的影響力をもつ。

②活動や行動の仕方が思考パターンや情動に強い影響を及ぼす可能性がある。

人は成長するにつれて固定的な自己のスキーマが形成され，それに基づいて歪んだ思考方法や考えが自然に浮かぶ自動思考が起こるようになります。認知行動療法は，そうした認知の歪みに焦点をあて，認知を修正することで症状が改善する治療法です。日本では1980年代後半から注目されるようになり，2010年に保険診療として認可されています。

2.5.2 自動思考とスキーマ

認知には，何かの出来事があったときに瞬間的に浮かぶ考えやイメージがあり，「**自動思考**」と呼ばれています。「自動思考」を生み出すもとになっている考え方のクセが「**スキーマ**」です。「自動思考」が生まれると，それによっていろいろな感情が起こり，良くない行動が起こります。たとえば，**図2.3**では，出来事として，デートのとき，彼氏と会話が弾まなかったことに対して，スキーマ（どうせ私なんか魅力ないし～）から，自動思考（ふられてしまう）という認知の歪みが起こり，行動，感情（気持ち），身体反応に影響が出てしまう

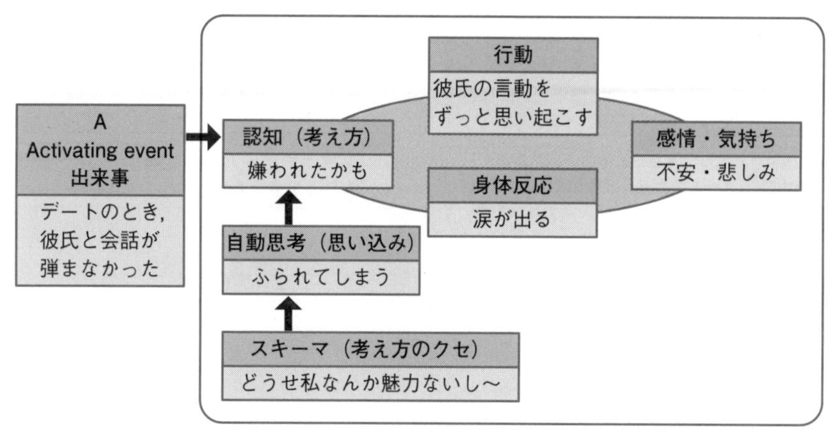

図 2.3 **自動思考とスキーマ**

のです。特徴的な自動思考パターンを修正できれば，症状を大幅に軽減できるといいます（Clark et al., 1999)。

認知行動療法では，自動思考により気持ちが大きく動揺したりつらくなったりしたときにクライエントの頭に浮かんでいた考えに着目し，それがどの程度現実と食い違っているかを検証し，思考のバランスをとっていきます。それによって問題解決を助けていくのですが，こうした作業が効果を上げるためには，面接場面はもちろん，ホームワークを用いて日常生活の中で行うことが不可欠です。

2.5.3 認知行動療法の適用の拡大

認知療法・認知行動療法は，うつ病や不安障害（パニック障害，社交不安障害，心的外傷後ストレス障害，強迫性障害など），不眠症，摂食障害などに効果があることが実証され，広く使われるようになってきました。

たとえば，ネット依存の傾向がある子どもを対象に「ネットオフラインキャンプ」が企画され，その中で認知行動療法の考え方を取り入れた日常生活の振り返りが行われています（図 2.4)。

ネット依存ってなんだろう

友達がネット依存かも…？と思うとしたら，どんな点でしょうか？
また，そのような友達を救い出すためにはどうしたらいいでしょうか？

Aくん，Bくんは，あなたと仲のいい友達です。
この中に，「ネット依存だ」と思う人はいますか？
ネット依存だと思うかどうかと，その理由を書いてみましょう。

Aくん

同級生のAくんは，小学校から仲のいい友達です。学校では遅刻や欠席もせず，野球部の活動も頑張っています。
しかし最近，買ってもらったスマホに夢中のようで，LINEやTwitterをしたり，動画を見たりで，かたときもスマホを手放さない生活をしているようです。
話しかけてもスマホばかり見ていてうわの空で，前の日曜日にした皆で遊ぶ約束にも連絡なくキャンセルでした。

Q1. Aくんはネット依存だと思いますか？
　　思う・思わない

Q2. その理由はどんな点ですか？

Q3. もしネット依存なら，救い出すには，どのような方法があるでしょうか？

Bくん

同級生で仲のよかったBくんは，夏休み明けからここ3か月，学校に来なくなってしまいました。
ネット上での様子から，学校を休んでどうやら一日中，ゲームをやったりTwitterをやったり，動画をみたりしているようです。
もうすぐ修学旅行，一緒に行きたいので，思い切って電話をかけてみました。
電話は喜んでくれましたが，修学旅行中にゲームの大会があるので旅行には行けないとのことでした。

Q1. Bくんはネット依存だと思いますか？
　　思う・思わない

Q2. その理由はどんな点ですか？

Q3. もしネット依存なら，救い出すには，どのような方法があるでしょうか？

スマホやゲームをしたくなったら？

スマホ・ゲーム以外で楽しいと思うことや興味があることを考えて，スマホ・ゲームをしたくなった時の対処方法を考えよう。

Q1. スマホやゲーム以外で楽しいこと・好きなことを書きだそう！

Q2. スマホやゲームをやりたくなったらどうすればいいか考えよう！

【やりたくなるのはどんな時？】【その気持ちを解消するには？】【具体的に何をする？】

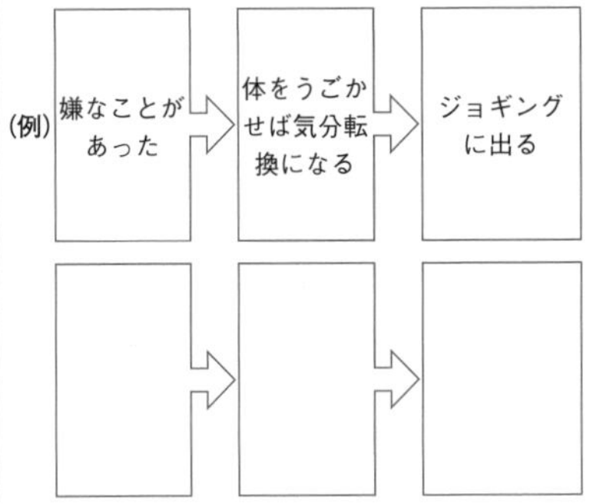

ひとこと

図2.4　**人とつながるネットオフラインキャンプ実施運営マニュアル**（兵庫県青少年本部，2019）

2.6 カウンセリングの流れ

ウォルターとレノックス（Walter & Lenox, 1994）は，カウンセリングにおける関係作り，アセスメント，目標設定，援助的介入，終結決定という活動を，連続する直線上に段階的に位置づけるのではなく，それらの活動が援助の時間的な流れの中で同時に起きており，その相対的な重要度が変化するとしています（図 2.5）。

石隈（1999）によると，「初期」において教師やカウンセラーは子どもとの関係を作りながら，アセスメントを行います。続いて，アセスメントを行いながら援助目標を立て，援助的介入をゆっくりと始めていきます。終結決定が初期にもあるのは，子どもとたまたま関わった援助者が，子どものニーズに応えられないと判断したとき，他の援助者に依頼することもあるからです。

「中期」になると，信頼関係を維持しながら，介入を続けていきます。ここでも介入をしながらアセスメントは続けていき，必要に応じて目標の修正や終結決定を行います。

「後期」になると，もう一度アセスメントを丁寧に行い，終結の決定を行います。「これで終結してよいか」「どう終結するか」「次の引き継ぎはどうする

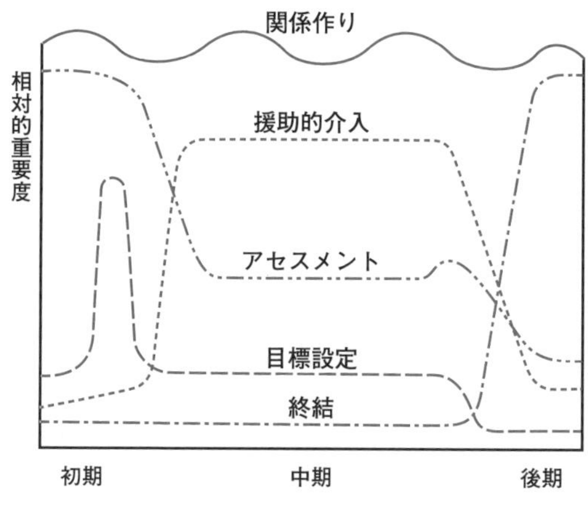

図 2.5　**カウンセリングにおける同時的プロセスモデル**（Walter & Lenox, 1994）

か」という問いに応えます。

さて，ここまではカウンセリングのいくつかの理論と実践について学んできました。次に，これらのカウンセリングで共通の技法をまとめたマイクロカウンセリングについて紹介します。

2.7 マイクロカウンセリング

2.7.1 マイクロカウンセリングの概要

マイクロカウンセリングは，1980年代にアイビイ（Ivey, A. E.）によって開発されました。アイビイは，いろいろなカウンセリングに関わるうちに，多くのカウンセリングに一貫してみられる共通のパターンがあることに気づきました。それは「マイクロ技法の階層表」（図2.6）としてまとめられました。マ

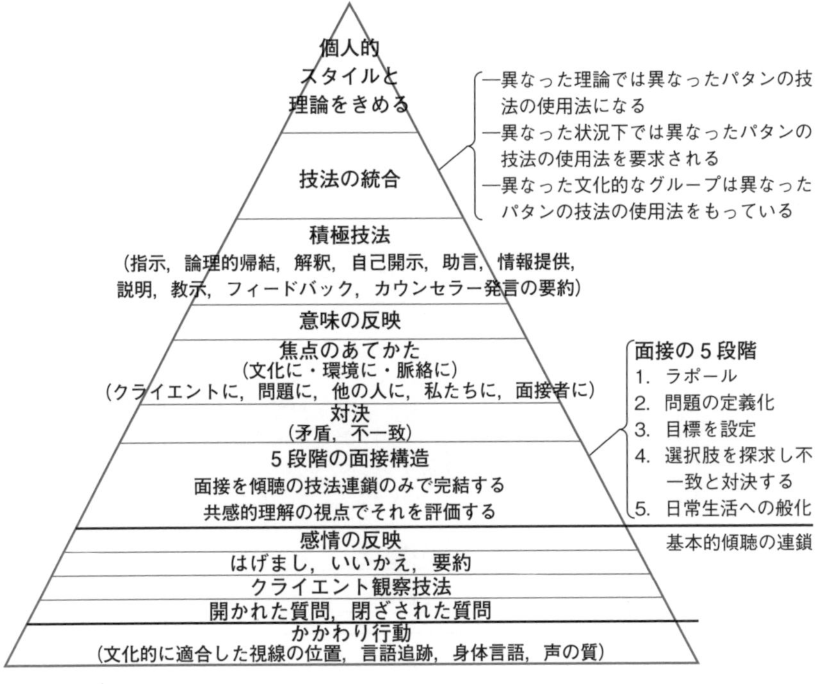

図2.6　**マイクロ技法の階層表**（Ivey, 1983 福原ら 訳編 1985）

イクロカウンセリングの技法は，クライエントの利益を最優先にしてカウンセリングを行うという実践的かつ体系的な技法で，特定の学派・技法にこだわらず方法論を柔軟に組み合わせるという折衷主義の特徴をもっています。

2.7.2　かかわり技法

かかわり技法は，マイクロカウンセリングの技法の中で言語レベルの傾聴法です。これは，クライエントの枠組みに沿ったものでなければなりません。かかわり技法には，開かれた質問，閉ざされた質問，はげまし，いいかえ，要約，感情の反映，意味の反映などがあります。

1.　かかわり行動

カウンセラーにとって，クライエントの話を丁寧に「聴く」ことは重要です。かかわり行動はクライエントの話を聴くことに重点をおいた技法です。これはカウンセリングの基本であり，クライエントとのコミュニケーションの成立に必要不可欠です。なお，ここでは，カウンセラーを教師に，クライエントを子どもや保護者に読み替えていただければと思います。

かかわり行動には，視線の合わせ方，言語的追跡，身体言語，声の質，が含まれます。視線の合わせ方は，クライエント（子ども）にとって，カウンセラー（教師）が，自分の話をしっかり聴こうとしているのがわかることが大切です。また，視線の合わせ方は，直視がいいとは限らず，性別・年齢・人種によっても異なります。声の質，声の調子，話す速さは，状況によって変化させることが大切です。言語的追跡は，クライエントの話の主題を変えないことです。身体言語は，少し前かがみの姿勢と表情，励ましのジェスチャーを示して聴くことです。

2.　質問技法

質問技法には，**閉ざされた質問**，**開かれた質問**の2つがあります。これらは，話の内容を掘り下げたり，聞き手がその内容をより深く理解するための方法です。

(1)　閉ざされた質問（Closed Question）

「あなたはゲームが好きですか？」

「あなたは朝食を食べてきましたか？」

YESかNO，あるいは1，2語で答えられる質問のため，話が続きにくくなることがあります。年少の子どもや発達に課題がある子どもには，有効な場合もあります。

(2) 開かれた質問（Open Question）

「あなたはどんなことで困っているのかな？」

「もう少し詳しく話してくれませんか？」

これらの質問にはいろいろな答えが可能なため，話を広げていくことができます。質問の種類によってさまざまな情報（事実，感情，情報，理由など）をもたらすことができます。

3. クライエント観察技法

クライエント観察技法には，具体的には，視線の合わせ方，体位・席のとり方，声の調子，表情，ジェスチャー，言語的追跡（話題を変えないこと）など，非言語的コミュニケーションも含まれます。

カウンセリングを成立させるためには，言語・非言語両方のコミュニケーションを用いて，カウンセラーとクライエントの間で何が起こっているかを観察することが大切になります。たとえば，言語のコミュニケーションでは，クライエントはカウンセラーが聴きたいことだけを話していることがあります。非言語のコミュニケーションでは，防衛的な子どもが，カバンを手前で抱えて背中を丸めて席に座っていることがあります。攻撃的な子どもが，足や腕を組み，ふんぞり返る姿勢をとることもあります。このように教師と子どもの関係性は，パーソナルスペース，態度でも表現されます。

4. はげまし

はげましとは，「頑張って」のような言葉をかけるという意味ではありません。これは，最小限のはげましと言ったほうがいいかもしれません。はげまし技法には，クライエントに話を続けることを促すための非言語と言語によるものがあります。うなずき，手を広げたジェスチャー，「それで」「うんうん」といったフレーズ，クライエントが使うキーワードの繰返し，などを用いて，カウンセラーがクライエントの話についていこうとすることを示します。

5. いいかえ技法

いいかえ技法では，クライエントの話をカウンセラーが聴いて，そのエッセンスをクライエントにフィードバックします。カウンセラーは，クライエントが言った言葉を，短縮し明確にします。たとえば，生徒が「オレ，学校に行けなくて，つらいです」と言ったときに，先生は「○○君は，学校に行けなくてつらいんだね」のように，生徒が使った言葉をいいかえて答えます。このように，復唱することによってクライエントを支持します。

6. 要約技法

要約技法は，いいかえ技法に似ていますがクライエントの話が何度も繰り返される場合や，話が長くとりとめがなく混乱している場合に，話を要約して返してあげます。カウンセラーというフィルターを通して話のポイントをずらさないで返すことが重要です。

事実の要約では，「○○さんのしてきたことは，……なことなんだね」，感情の要約では，「○○さんの今の気持ちは，……な感じなんだね」などと要約することによって，クライエントの考えが整理できていきます。

要約技法では，何が起こっているかを明確にまとめ，面接に方向づけと一貫性を与えることが大切です。要約はクライエントとカウンセラーが，面接で何が起こっているかについての考えを整理・統合するのに役立ちます。

7. 感情の反映

感情の反映とは，相手の感情や情動に気づき，それを相手に伝えることです。これがうまくいけば，相手はもっとも大きな安心を得ることができます。クライエントの感情の世界を正確に感じとることができれば，援助活動においてもっとも基本的である共感を高める効果につながります。

感情の反映では，「あなたは……と感じているようですね」「あなたは……と感じているように聞こえますが」というように，クライエントの話すことの情緒的な側面に焦点をあてます。クライエントが自身の感情に気づくのを助ける，クライエントが経験している内的世界をカウンセラーが理解していることが大切です。

8. 意味の反映

意味の反映は，クライエントの生活体験に隠された真髄，すなわちその「意味」「価値」「意図」を明確にするための技法です。クライエントの発言や行動には意味があり，カウンセラーはクライエントの感情や思考，行動の背景にある，意味を見出す援助をしていきます。いわば，クライエントが「生きる意味」を言語化していくプロセスを共有するわけです。カウンセラーは，次のように問うことで意味を明確にしていきます。

「それはあなたにとってどんな意味をもちますか？」

「それはあなたにとって重要なのですか？」

このように問いかけることによって，生活体験に隠れたクライエントにとっての意味を見出します。

参考図書

國分 康孝（1981）．カウンセリングの理論 誠信書房

福原 眞知子・アイビイ，A. E.・アイビイ，M. B.（2004）．マイクロカウンセリングの理論と実践 風間書房

大野 精一・藤原 忠雄（編著）（2018）．学校教育相談の理論と実践――学校教育相談の展開史，隣接領域の動向，実践を踏まえた将来展望―― あいり出版

復習問題

1. 来談者中心療法について説明してください。
2. ブリーフセラピーについて説明してください。
3. 認知行動療法について説明してください。
4. マイクロカウンセリングについて説明してください。

第3章 教育における心理臨床の対応

本章では，学校での心理臨床の対応として，問題が起こったときのアセスメント，コンサルテーション，チーム支援を概観します。また，包括的支援モデルとして海外から導入された，ピアサポート，PBIS，SEL，UDL についてもみてみましょう。さらに，近年，問題となっているネットについての研究にもふれておきます。

3.1 学校でのカウンセリング・教育相談の進め方

3.1.1 アセスメント

アセスメントとは，医学でいえば診断にあたるものですが，学校では「児童生徒理解」が近い言葉です。対象は子どもだけでなく，家庭環境，学校環境も含まれ，実態把握や見立てともいわれています。

石隈（1999）は，アセスメントは「援助の対象となる子どもが課題に対して取り組むうえで出会う問題や危機の状況についての情報の取集と分析を通して，援助サービスの方針や計画を立てるために資料を提供するプロセスである」としています。

アセスメントでのデータや情報は，コンサルテーション・チーム支援会議で活用しながら進めることが肝要です。データに基づく理論的分析を土台として行われる実践を「エビデンスに基づく実践」（Evidence Based Practice; EBP）といい，今後の教育の方向性になっていくと思われます。

1. 行動観察

行動観察は，授業，休み時間，給食，掃除，学校行事（体育祭，学校祭，合

唱コンクール）などで子どもの行動を観察します。学校で子どもを観察できる場面は多岐にわたり，さまざまな徴候が見られます。欠席，遅刻が多くなる，成績が急に下がる，友達関係が変化する，服装・頭髪が派手になるなど，子どもたちの日常生活の状況から，変化のサインを発見することが大切です。

2. 生態学的アセスメント

子どもと環境を考える上で，ブロンフェンブレンナー（Bronfenbrenner, 1979）の生態学的発達理論が参考になります。子どもを取り巻く環境には，子どもが生活する場である家庭・学校・学級からの影響（マイクロシステム），家庭と学校の関係性の影響（メゾシステム）などがあります。**生態学的アセスメント**では，子どもの資質，能力，特技，関心など支援につながるプラス面もリソースとして把握することが大切です。

3. 心理検査

スクールカウンセラーのアセスメントでは**心理検査**があります。代表的な心理検査の一つとして，「ウェクスラー式知能検査」があり，その中でも「WISC-IV（ウィスク・フォー）」は，世界各地で使用されている児童用の知能検査として，全体的な知的能力や記憶・処理に関する能力を測ることができるため，発達障害の診断やサポートに活用されています。他にも，エゴグラム，バウムテスト，KABC などがあります。

次項では，学校での実施が広まっている，Q-U とアセスをみてみることにしましょう。

3.1.2 Q-U，アセスでのアセスメント

1. Q-U（Questionnaire-Utilities）

河村（2000）が開発した Q-U（Questionnaire-Utilities）（図 3.1）では，学校生活意欲と学級満足度がわかり，学級経営のための有効な資料が得られ，学級診断アセスメントとして活用できます。

児童生徒が所属する学級集団に居心地の良さを感じる「学級満足度」は，トラブルやいじめなどがなくリラックスできている「被侵害得点」，自分がクラスメイトから受け入れられ，考え方や感情が大切にされていると感じられる

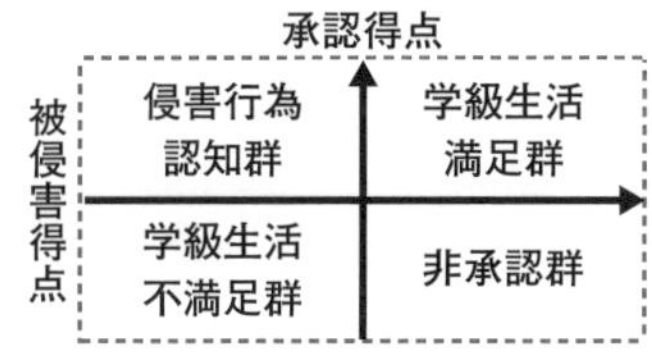

図 3.1　**Q-U の 4 つの群**（河村，2000）

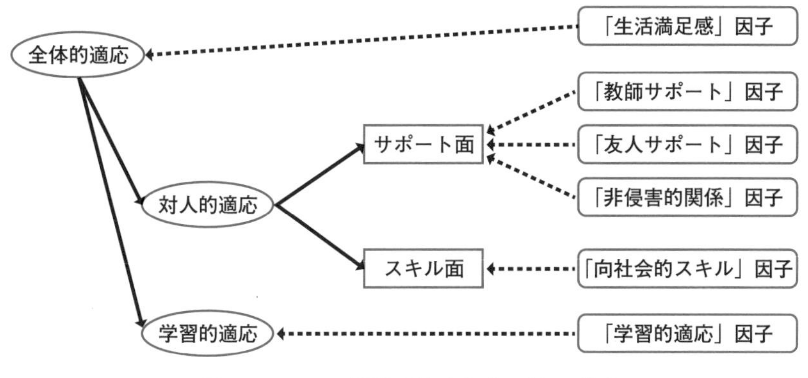

図 3.2　**アセス（学校環境適応感尺度）の構造**

「承認得点」，という 2 つの視点から満足度を測定しています。

2. アセス

栗原・井上（2009）が開発した**アセス**（学校環境適応感尺度（ASSESS; Adaptation Scale for School Environments on Six Spheres））（図 3.2）は，学校適応感理論をもとに，「生活満足感」「学習的適応」「対人的適応」などの観点から学校適応感をとらえます。

これらのアセスメントツールでは，SOS を出している子どもを早期に発見できます。学年会，生徒指導部会やチーム支援会議で，「いつ，どこで，誰が，どんな支援をするのか」を決め，次回の打合せでどのような変化があったのかを確認することが効果的な活用方法です。

3.1.3　カウンセリング

カウンセリングといえば，専門家が精神的な問題を抱えている人に対して治療を行うようなイメージがあるかもしれませんが，学校カウンセリングでは，人間関係の悩み，勉強や進路，家族のことなど多岐にわたる内容について相談を行います。

学校カウンセリングは，「子どもが学校生活を通してさまざまな課題に取り組む過程で出会う問題状況や危機状況の解決を援助し，子どもの成長を促進する援助サービス」といえます（石隈，1999，2006)。

カウンセリングにはさまざまな流派がありますが，本書では主に，来談者中心療法，選択理論，ブリーフセラピー，認知行動療法を紹介しています（第2章参照)。

國分（1981）は，「今やひとつのカウンセリング理論だけを信奉する時代は去った。複数の理論にふれながら，それを自分なりに統合せよ」といい，折衷主義を提唱しています。教師はそれぞれ，性格・特性・持ち味も違います。さまざまなカウンセリング技法を学び，自分に合ったカウンセリング技法を修得することが大切です。学校カウンセリングは学校教育相談とほぼ同義で，子どもたちの問題や悩みへの適応支援としてだけではなく，成長支援の技法としても重要なのです。

3.1.4 コンサルテーション

コンサルテーションとは，「異なった専門性や役割を持つ者同士が，それぞれの専門性や役割に基づき，特定の援助対象の問題状況と援助の実情について検討し，今後の援助の在り方について話し合うプロセス（作戦会議)」です(石隈，1999)。校長・教頭・学年主任・担任・教科担当教員・養護教諭・部活動担当教員・SC・SSWなどが，特定の子どもや状況について，「私の立場から見ると，こんな状況だと思います」ということを，相互に対等の立場で意見を交わし，対応方法を検討します。会議の目的は，いつ，どこで，誰が，何をするかを検討し，みんなが「それでやってみましょう」という着地点を見出すことです。

3.1.5 チーム支援会議

チーム支援会議では，学級担任や情報をもつ教員が事例報告を行い，情報の共有化を目指します。情報収集では,「体育のときだけ保健室に行く」「月曜日に欠席が多い」などの情報から,生徒の抱える問題・悩みを検討します。生徒の欠席・遅刻・早退や保健室利用時の時間割の把握,部活動顧問,音楽や体育など座学以外の教科からの情報収集で,総合的に生徒理解を行います。

また,チーム支援会議参加者から学習状況,交友関係,家庭環境などについてさまざまな質問を受けることで,該当生徒の情報が共有化され,わかっている情報とわからない情報が整理されます。整理された情報をもとに,該当生徒の見立てをし,事例分析,つまり生徒理解を行います。

大まかな流れとしては,まず当面の見通しを立て,次回のチーム支援会議までの支援方針と,「いつ,どこで,誰が,何をするのか」について役割分担を決め,それらを記録しておきます。そして次回のチーム支援会議の時間・場所の確認をして次につなげていきます。栗原(2020)は,チーム支援会議の司会のポイントとコツを示しています(表 3.1)。

表 3.1 **チーム支援会議の司会のポイントとコツ**(栗原,2020)

	会議の内容のポイント	会議の進行のコツ
①情報の共有 10 分	• 事例の概要を理解しよう。 • 担任の「困っている点」と「気持ち」を確認しよう。	• 傾聴したら,司会がリードして質問をする。 • 担任の思いを聞き取る。
②理解の共有 5 分	• 原因分析だけでなく,問題が維持されている理由も探ろう。	• 間違っても,後日修正すればよいので,今のところの仮説くらいの気持ちで,意見を出す。
③方針の共有 5 分	• どうなったら,「うれしい」のかが大事。 • 本人には? 学級には? 保護者には? • 当面の具体的な「ゴール」をまずは決める。	• ここ数週間の方針でくらいの気持ちで。 • 方針を 2〜4 個。保護者には,クラスには,本人には……といった感じで説明する。
④役割の分担 (具体的支援策の検討) 17 分	• まずはアイデアを産出しよう。 〈変化のために必要なものは?〉 〈本人の願い,行動の目的は?〉 〈本人や周囲のリソースを大事に〉 • 実行可能な解決案に練り上げる。 • 誰が,いつ,何をやるのか。(分担)	• ブレーンストーミング。量が勝負。 • 統合の観点。 • 担任を支えるという視点で。
⑤次回の会議日時の決定 3 分		• 会議と曜日と時間を決めておくとラク。 • 守秘義務の確認。

最近は，若い教員が大幅に増加していますが，生徒指導の経験が少なく，生徒理解の方法・技術も十分でない場合もあります。チーム支援会議を生徒指導の伝承の場としてとらえ，あえて記録係のような役割で参加してもらうことも必要でしょう。

3.1.6 チームでの守秘義務

相談の秘密は守られるというのが守秘義務ですが，情報共有がないとチーム支援が成り立ちませんので，「**チームでの守秘義務**」という共通理解が必要になります。

これは，スタッフ間では情報のやりとりを認め，支援者集団として秘密を保持するという考え方です。基本的にチーム支援会議はこの考え方に立って進めます。

この際，チームでの守秘義務の範囲も考慮します。たとえば，悩みがあって徹夜してしまった子どもの場合，一般の先生方には「体調が相当に悪いので，授業中に机に伏しているかもしれません。それはサボっているわけではありませんので，見守っておいてください」のように言って，情報共有をします。養護教諭や関係する教員にはさらに詳しく報告し，必要があれば事実そのものを伝える場合もあります。

3.1.7 通告義務，報告義務

通告義務や報告義務は，守秘義務より優先されます。たとえば「**通告義務**」は，「児童虐待の防止等に関する法律」には，「虐待を受けたと思われる児童を発見した者」は「速やかに」「児童相談所に通告しなければならない」とあります（第６条）。また，「**報告義務**」は，いじめ等の重大事態について，地方公共団体の長に報告する法的義務を負います。そのため，校長が知らないわけにはいきません。

このように子どもの支援にあたっては，守秘義務を尊重しながらも，通告義務や報告義務を踏まえて行動することが求められます。

3.2 学級経営

3.2.1 学級経営といじめ，学力の関係

学級の状態をアセスメントできるQ-U（Questionnaire-Utilities）の開発者である河村（2007）は，学級経営といじめ，学力の関係を明らかにしました。（図3.3，図3.4）。学級経営には，子どもたちが「うちのクラスは楽しいな」と感じている「満足型学級」，教師が中心となり指導する「管理型学級」，教師

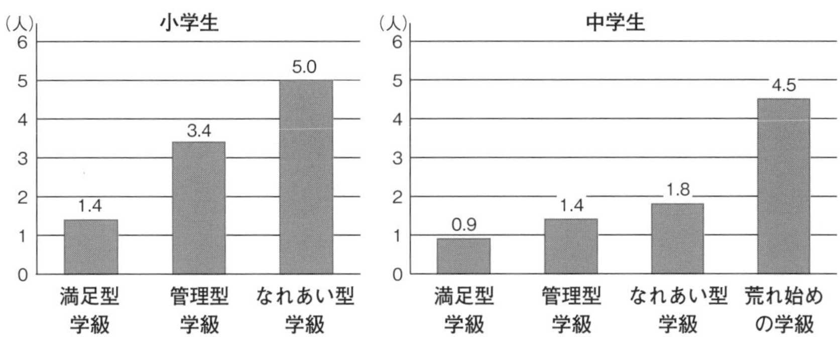

図3.3　児童生徒100人あたりの「長期のいじめを受けていて，とてもつらい」と訴えている割合——Q-U学級タイプ別，いじめの出現率（河村，2007）

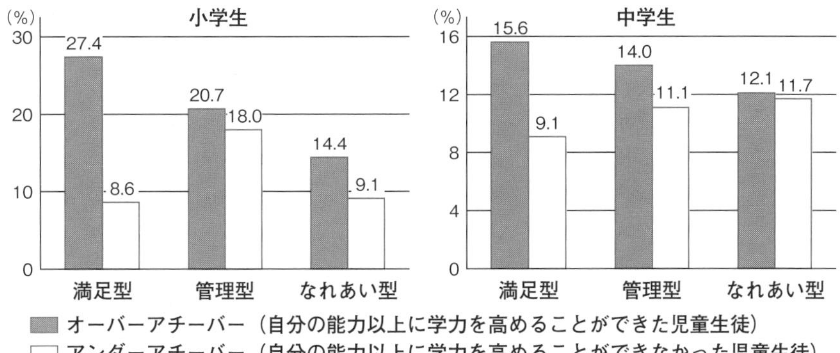

図3.4　同学級に所属する児童生徒100人に対しての割合——Q-U学級タイプ別，学力の関係（河村，2007）

と子どもが友達のような関係である「なれあい型学級」があります。

「満足型学級」は，小・中学校共に学力も向上し，いじめの出現率も低いですが，「なれあい型学級」は小・中学校共に学力も伸びず，いじめの出現率が高くなっています。「なれあい型学級」を作る教師は，いじめを発見する力が低いというデータもあります。

では，「満足型学級」とは，どんな学級なのでしょうか。それは「学級にルールがあり，リレーションのある学級」です。ルールは生徒指導上の問題行動だけを意味するものではなく，「掃除当番，給食当番，日直当番のルールが徹底していない」「昼休みに使用できる学級用のボールをいつも男子だけが使っている」など，日常の学校生活のルールも含まれます。リレーションは学級に友達がいるか，先生との信頼関係があるかどうかです。このように，いじめによる不登校，学力低下の問題には学級経営が大きく関与しているため，教師は自分の学級の状態をアセスメントすることが肝要です。

3.2.2 スクールカースト

スクールカースト（学級内ステータス）とは，子どもたち同士がとらえている，学級内における子どもの地位のことです。クラス内には，リーダー，サブリーダー，人気者，いわゆる普通の子，非行傾向のある子，孤立している子などさまざまなステータスがあります。学級経営を行う上で，教師はこのスクールカーストを把握することが肝要です（堀，2015）。

学校でのカースト（友人間の上下関係，序列）の存在は，子どもたちに自分がこの集団のどの位置にいるのかを無意識に把握させ，その位置に従って発言することを強要していると考えられます。スクールカースト下位の子どもがいじめの被害者となった場合，クラス内で発言もままならない彼らが自らの窮状を教師に訴えることはかなり難しくなります（鈴木，2012）。

学級崩壊や学級の荒れは，問題行動を起こす生徒ばかりに教師の注意が向き，いわゆる中間的な生徒がネガティブなグループの雰囲気に流された場合に起こりやすくなります。母集団の状況によって学級の状態が変化します。そこで教師には，中間的なグループをポジティブなグループの側に賛同させる学級経営が求められます。生徒理解においては，学級全体の力動性を把握することが必要となります（堀，2015）。

3.2.3 いじめの発見とアンケート

いじめは，なぜなくならないのでしょうか。教師が生徒の心に寄り添い一人ひとりとの間で信頼関係が構築され，生徒理解ができていれば，いじめ問題はここまで大きくはならなかったでしょう。生徒理解は，生徒指導の土台なのです。しかし，現実では教師の生徒理解が不十分なために，長年，いじめが解決できていないといえます。鹿川裕史君（1986年），大河内清輝君（1994年）のいじめ自殺の教訓を生かせず，大津市中2いじめ自殺事件（2011）では，教育委員会の対応を含めて大きな社会問題となりました。

それでは，いじめの発見は，どのように行われるのでしょうか。文部科学省（2020）は，2019年のいじめの発見のきっかけを表3.2のように報告していま

表3.2 **いじめの発見のきっかけ**（文部科学省，2020）

区分	小学校	中学校	高等学校	特別支援学校	計
1. 学級担任が発見	10.7	9.6	5.7	17.5	10.4
2. 学級担任以外の教職員が発見（養護教諭・SCを除く）	1.4	5.8	3.4	4.6	2.2
3. 養護教諭が発見	0.2	0.7	0.8	0.0	0.3
4. SC等の相談員が発見	0.1	0.3	0.4	0.1	0.2
5. アンケート調査などの学校の取り組みで発見	58.2	37.6	48.2	45.1	54.2
6. 本人からの訴え	15.6	25.2	26.4	19.2	17.6
7. 該当児童生徒（本人）の保護者からの訴え	9.5	13.5	8.8	7.3	10.2
8. 児童生徒（本人を除く）からの発見	3.0	5.3	4.3	3.5	3.4
9. 保護者（本人の保護者を除く）からの情報	1.1	1.6	1.4	2.0	1.2
10. 地域の住民からの情報	0.1	0.1	0.0	0.0	0.1
11. 学校以外の関係機関からの情報	0.1	0.2	0.3	0.6	0.1
12. その他（匿名による投書など）	0.0	0.1	0.3	0.1	0.1
計（%）	100.0	100.0	100.0	100.0	100.0

す。

まず，「1. 学級担任が発見」する割合は，小学校10.7%，中学校9.6%，高等学校5.7%となっています。この数字は担任が子どもを十分に見ていない結果であり，生徒理解が不足しているといえます。

次に，「8. 児童生徒（本人を除く）からの発見」も小～高等学校まで6%を下回っており，子どもたち同士がつながっていないことを示しています。そのため，学級経営では人間関係づくりのプログラムを実施する必要があります。

一方，一番多いのは「5. アンケート調査」で，小学校58.2%，中学校37.6%，高等学校48.2%，特別支援学校45.1%となり，アンケートの有効性が示されました。

アンケート調査を実施する際，「いじめられた人，いじめを見た人は，記入してください」といった直接的な項目では，周りの目が気になって記入することができません。そこで，いじめを扱った道徳授業などを行い，それについての感想とアンケートを一体化して記入してもらいます。このように，子ども全員が記入しやすくなるような配慮が必要となります。

3.3 UDL

3.3.1 合理的配慮

文部科学省は，「通常の学級に在籍する発達障害の可能性のある特別な教育的支援を必要とする児童生徒に関する調査結果」を発表し，学習面または行動面で著しい困難を示す児童生徒の割合は，全体では6.5%，小学校1年生では9.8%と報告しました（文部科学省，2012）。

2013年，「障害者差別解消法」の成立により，国内法が一通り整備され充実したことから，2014年，日本は「障害者権利条約」の批准書を国連に寄託し，世界で140番目の締約国となりました。「障害者の権利に関する条約（略称：障害者権利条約）（第24条　教育）」の概要は下記の通りです。

「教育についての障害者の権利を認め，この権利を差別なしに，かつ，機会の均等を基礎として実現するため，障害者を包容する教育制度（inclusive education system)，生涯学習を確保することとし，その権利の実現に当たり確保するものの一つとして，個人に必要とされる合理的配慮が提供されること。」

ここで言う**合理的配慮**には，**UDL**（Universal Design for Learning；**学びのユニバーサルデザイン**）が参考になります。

3.3.2 UDLの実践

UDLは，通常学級における特別支援教育を中心に，「どんな子も教室で活躍し，学ぶことができる」ための授業づくりの枠組みであり，アメリカではすべての州で取り入れる学習基準に盛り込まれています。UDLは，たとえ能力差や障害があったとしても，それぞれの子どもの学びを保障し，その能力をそれぞれの子どもにとって最大限に伸ばせるようにすることです。

その特徴は，子どもが自ら学びに向かい，確かな力を身につけるための科学的根拠，教師のマインドの転換を背景に，子どもたちが自分に適した学び方の柔軟な選択肢（オプション）を用いることにあります（Meyer et al., 2016）。

たとえば，作文が苦手な子は実は手書きによる書写が不得手なのかもしれません。そうであれば，タブレット入力を用いることで作文をより良く書くことにつながる可能性があります。UDLが目指すのは，教師のマインドセットの転換とICT（情報通信技術）の積極的な活用を通した「子どもの学び」本位の授業づくりなのです（バーンズ亀山，2013）。

UDLではICTの活用例が多くあげられますが，もちろんそれに限らず，視覚的な手立て，体験して実感するといった，これまでの先生方の授業の方略を活用することも含まれます。具体的な内容としては，カリキュラム構成，評価方法，ICT教材の活用，デジタル教科書，授業の可視化，教師の指示の仕方，グループワークの進め方などです。合理的配慮とは障害のある人の学習へのアクセスを保証することであり，UDLとは誰もが学習へのアクセスを保証されることといえます。

3.4 ピアサポート

3.4.1 ピアサポートの定義と理念

これまでにみてきたように，学校では不登校やいじめ，ネット依存，子どもの自殺などが深刻化しています。そのような中で友達づくりや人間関係づくりが苦手な子どもたちもいます。その対応策として，ピアサポートの有効性が注目されるようになりました。「ピア」とは仲間という意味で，「**ピアサポート**」とは仲間が仲間をサポートする活動を意味します。

ピアサポートは，1970年代にカナダでいじめ問題の対応から始まりました。カー（Carr, 1981）は，中学生，高校生は仲間との関係，将来の職業の選択，学業成績などのさまざまな悩みに直面しており，それらの問題の約80％を生徒同士で相談し，解決しているということを明らかにしました。それを踏まえ，自助（セルフヘルプ）を基本とし，生徒がお互いに助け合える（ピアヘルピング）ように指導し，仲間として互いに悩みを受け止め，解決していく力を身につけさせることで，悩みをもつ子どもが減少すると考えました。

3.4.2 ピアサポートの実践事例

ピアサポートのプログラムとして，①ピアサポート概論，②自己理解・他者理解・相互理解，③傾聴，④コミュニケーション，⑤ストレス対処法，⑥課題の解決，⑦対立解消，⑧ピアメディエーション，⑨ピアサポート活動計画（個人・チーム）などが紹介されています。他にも小学6年生が小学1年生の遠足のサポートを，中学1年生が小学生の九九学習のサポートをするなどの異学年交流，多校種連携の実践も報告されています（菱田・森川，2002；中野・森川，2009；春日井ら，2011）。

たとえばピアサポートの年間計画では，4月には，学級開きで人間関係づくりのピアサポートを実施し，友達づくりを促進させます。6月にはいじめ防止，9月には命の教育，11月にはネット教育，3月には仲間への感謝などのように，学年の発達段階に応じて実施します。プログラムは，教育課程・年間計画に位置づけ，予防的開発的な取組みを実施すると効果があるでしょう。

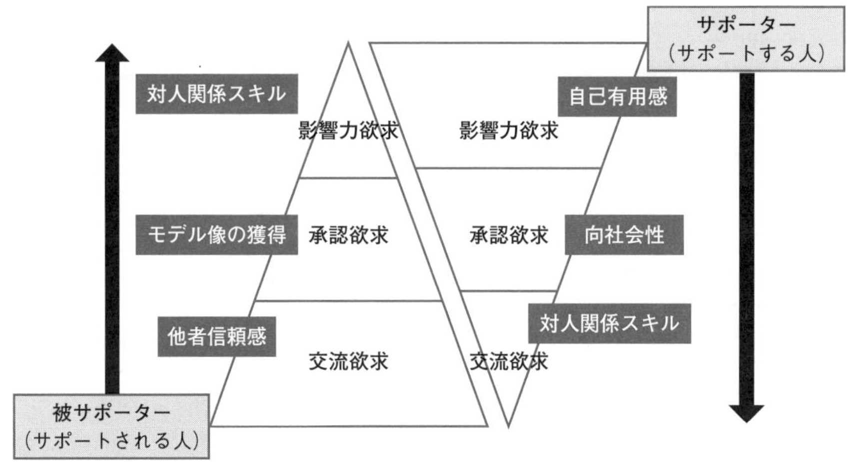

図 3.5　**ピアサポートと欲求充足**（栗原，2017）

3.4.3　ピアサポートと社会的欲求理論

トンプソン（Thompson, 2003）らの**社会的欲求理論**では，社会的欲求には「交流欲求」「承認欲求」「影響力欲求」の3つの欲求があるといいます（図3.5）。

欲求が充足するとともに，サポーターは，ピアサポート活動によって年下に対する対人関係スキルや向社会性，自己有用感を高めることができます。

ピアサポートによって得られる「自己有用感」は，「人の役に立ててよかった」「認めてもらえてうれしかった」「必要とされていると感じた」などの感覚であり，他者の存在や他者との交流を前提にして生まれます。

また，見逃せないのが被サポーターにとっての効果です。被サポーターは，サポートされる体験を通して，年長に対する対人関係スキルが向上し，サポーターのモデル像と他者信頼感を獲得できます。

3.4.4　ピアサポートの進め方

ピアサポートではただ活動するだけでは不十分で，意図的・計画的なプログラムが必要です。ピアサポートの進め方は，「実施の枠組みの決定→トレーニ

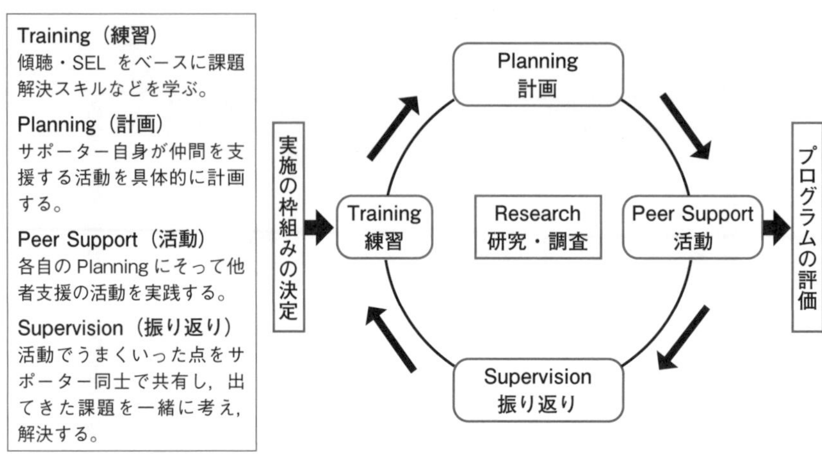
Training（練習）
傾聴・SEL をベースに課題解決スキルなどを学ぶ。
Planning（計画）
サポーター自身が仲間を支援する活動を具体的に計画する。
Peer Support（活動）
各自の Planning にそって他者支援の活動を実践する。
Supervision（振り返り）
活動でうまくいった点をサポーター同士で共有し，出てきた課題を一緒に考え，解決する。
実施の枠組みの決定
Planning
計画
Training
練習
Research
研究・調査
Peer Support
活動
Supervision
振り返り
プログラムの評価

図 3.6 **ピアサポートプログラムの構造**（中林・栗原，2017）

ング→プランニング→サポート活動→スーパービジョン→プログラムの評価」という構造を基本にしています（図 3.6）。

3.5 PBIS

3.5.1 PBIS の目的と概要

PBIS（Positive Behavioral Interventions and Supports；**学校環境におけるポジティブな行動介入と行動支援**）は，スガイら（Sugai et al., 2000）によって開発されました。スガイによれば，PBIS は学校の人的または物的な環境を整備して，子どもたちの望ましい行動を増やし，望ましくない行動を減らすことを目的としたアプローチです。

PBIS は，問題行動の減少，子ども本人の適応行動スキルの増加，そして子どもたちの QOL（Quality of Life）の向上を目指したもので，2002 年の「No Child Left Behind（落ちこぼれ防止法）」の施行以来，児童生徒の行動面への支援として広くアメリカで普及しつつある生徒指導システムの一つです（バーンズ亀山，2013）。アメリカ教育省からの援助を受けて推進され，各州共通基礎スタンダード（Common Core State Standards; CCSS）の一つとして取り組んでいます（バーンズ亀山，2013）。

3.5.2 PBISで良好な行動を明確化する

PBISは，ポジティブな行動指導介入サポートで，問題が起こらないようにあらかじめ学校全体で何ができるかという視点で考えていくプロアクティブな児童生徒への指導方針です。（バーンズ亀山，2013）。

PBISの目的を池島・松山（2014）は，「問題行動の減少，子ども本人の適応行動スキルの増加，そして子どもたちのQOLの向上を目指したもの」としています。

表3.3は，学級目標を「思いやり・責任・協力で最高のクラスになる」としている小学校のPBISの事例です。学級目標から，授業・給食・掃除・休み時間などの場面に分けて望ましい行動を具体的に考えさせ，一枚の表にまとめて

表3.3　A小学校のPBIS（栗原，2018）

（学級目標）思いやりや責任感があり，協力できるクラス

	授業中	休み時間	給食	掃除
思いやり	○間違った発表をしても笑わない ○発表している人の話をしっかり聴く	○1人の子がいたら話しかける ○ケンカをしない ○悪口を言わない	○給食当番が活動しやすいように席について待つ ○給食当番のお手伝いをする	○ゴミがあったらゴミ箱に入れる ○掃除当番に「ありがとう」という
責任	○真剣に先生の話を聴く ○私語をしない ○眠たくても寝ない	○廊下を走らない ○体育館やグランドのルールを守る ○時間になったら席につく	○なるべく残さないようにする ○食べることに集中して，時間内に食べる	○掃除をさぼらない ○反省会をしっかりする
協力	○わからない問題は教え合う ○相談する時，1人の子がいたら仲間に入れる ○グループ学習では，みんなで相談する	○遅れてきた人を仲間に入れる ○ボールを仲良く使う	○給食の片づけを班で仲良くする ○おかわりの順番を守る	○班で仲良く掃除をする ○全員で机下げをする

教室に掲示し，朝と帰りのホームルームで行動を確認させる取組みもあります。

実践方法は，授業中の思いやり・責任・協力行動を付箋に書かせます。たとえば，授業中の思いやりでは，「間違った発表をしても笑わない」，責任では「眠たくても寝ない」，協力では「相談する時，1人の子がいたら仲間に入れる」など，子どもたちが考えた行動を尊重して望ましい行動を具体的に示し，実践を促します。子どもたちの考えた行動はあくまで子どもの視点ではありますが，あえて尊重するようにしていくことが大切です。

PBISでは，①価値を明確にすること，②価値に基づいた行動を具体化すること，③良い行動が生起する仕掛けや場を考えること，④即時に強化すること，がポイントです（栗原，2018）。

3.5.3　アメリカのPBIS

アメリカのPBISでは，単に望ましい行動を教示するだけでなく，望ましい行動が認められたときには，その行動に対して即座にカードに記入できるようにしています（図3.7）。カードには，誰が・どこで・どのような望ましい行動を行ったのかを簡単に記入し，表彰することで行動を強化する仕組みが設けられています。

日本では，望ましい行動の実践に学級全体で取り組み，カードがある一定数

図3.7　**アメリカの小学校のPBIS実践事例**（栗原，2018）

になったら，たとえば学級でお楽しみ会を開く，自由時間を作る，といったことを実施している学校もあります。PBISでは，子どもたちに「してはいけないこと」を伝え守らせるのではなく，それぞれの場面で「自分にも他者にも望ましい行動とは何か」に気づかせ，行動を獲得し定着させ，子どもの成長を引き出します。

3.6 SEL

3.6.1 SELで人の気持ちのわかる子どもを育てる

SEL（セル）（Social and Emotional Learning；**社会性と情動の学習**）は，アメリカで開発された小・中学校を対象とした子どもたちの対人関係能力を育成する授業プログラムです。小泉（2011）は，SELを「捉え方と他者の関わり方を基礎とした，社会性（対人関係）に関するスキル，態度，価値観を身につける学習」と定義しています。

SELを開発したCASEL（キャセル）（Collaborative for Academic, Social, and Emotional Learning）では，①自己への気づき，②他者への気づき，③自己のコントロール，④対人関係，⑤責任ある意思決定，の5つの力の習得を目指しています。

3.6.2 SELの実践例

次に実際に道徳の授業で実施されたSELを紹介します（小泉，2011）。図3.8の絵を見て3人の気持ちを理解してみます。

ボールを持った2人の男の子は，掃除当番をサボって，体育館へ遊びに行ったかもしれません。そのとき，1人で掃除している子どもの，眉毛，口もとから表情を読みとるトレーニング，つまり，感情の理解（入力）をします。授業では，「また，あの2人は掃除をサボって，本当に嫌だ」「注意できない自分が悔しい」などの意見が出ます。「先生は，なんで注意してくれないんだろう」と言われ，「はっ」とした経験がある教師もいます。SELでは，このようなワークシートを活用しながら学んでいく方法もあります。

図 3.8 SEL ワークシート（小泉，2011）

3.7 情報モラル教育

3.7.1 兵庫県の調査

兵庫県青少年本部（2020）では，文部科学省委託事業としてネット依存の大規模調査を実施しました。調査は，厚生労働省がネット依存調査で用いた「DQ アンケート」（Young, 1996）と，竹内和雄と金山健一が開発した「ケータイ・スマホ夢中度アンケート」を使って実施しました。調査対象人数は，小学生～高校生 9,814 人とその保護者 7,390 人です。その中で，ネットの問題点が明らかになってきました。

3.7.2 ネットの危険性

1. 会ったことのない人とネットでやりとり

図 3.9 は，会ったことのない人とネットでやりとりをしたことがあるか，という質問に対する子どもと保護者の回答をまとめたものです。あると答えた子どもは，小学生 15.5%，中学生 28.9%，高校生 52.5% ですが，保護者は，小学生 9.5%，中学生 15.4%，高校生 24.4% と，どの校種も 2 倍程度，子どものほうが多くなっています。子どもがスマホ等で何をしているのかを保護者が把握できていないことがよくわかる結果です（兵庫県青少年本部，2020）。

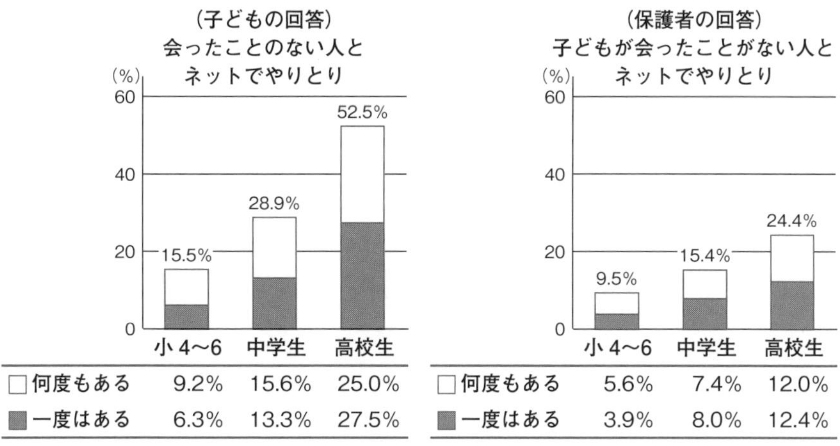

子どもの回答	小 4〜6	中学生	高校生
□何度もある	9.2%	15.6%	25.0%
■一度はある	6.3%	13.3%	27.5%

保護者の回答	小 4〜6	中学生	高校生
□何度もある	5.6%	7.4%	12.0%
■一度はある	3.9%	8.0%	12.4%

図 3.9　**会ったことがない人とネットでやりとり**（兵庫県青少年本部，2020）

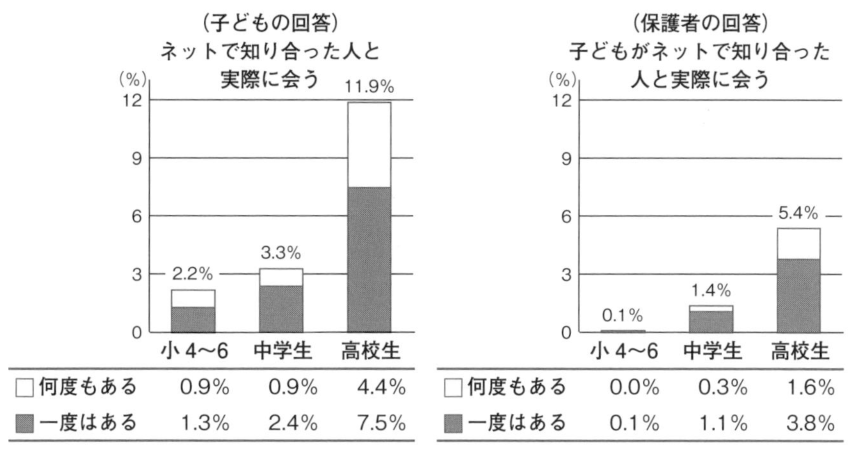

子どもの回答	小 4〜6	中学生	高校生
□何度もある	0.9%	0.9%	4.4%
■一度はある	1.3%	2.4%	7.5%

保護者の回答	小 4〜6	中学生	高校生
□何度もある	0.0%	0.3%	1.6%
■一度はある	0.1%	1.1%	3.8%

図 3.10　**ネットで知り合った人と実際に会う**（兵庫県青少年本部，2020）

2. ネットで知り合った人と実際に会う

図 3.10 は，ネットで知り合った人と実際に会ったことがあるかについて，子どもと保護者の回答をまとめたものです。子どもの回答は，小学生 2.2%，中学生 3.3%，高校生 11.9%となっています。保護者の回答は，小学生 0.1%，中学生 1.4%，高校生 5.4%と，どの校種も保護者が現状を把握していないこと

がわかります。特に高校生の11.9％がネットで知り合った人と会っているにもかかわらず，保護者は約5.4％しか把握していません（兵庫県青少年本部，2020）。

ネットで知り合った人と実際に会うと，なりすましや性被害，誘拐などの犯罪に遭う危険もあります。2017年，神奈川県座間市で自殺願望のあった若い女性を中心に9人の切断遺体が発見されるという連続殺人事件が発生しました。犯人はツイッターで「首吊り士」を名乗り，「首吊りの知識を広めたい　本当につらい方の力になりたい　お気軽にDMへ連絡ください」と書き込み，自殺志願者と連絡を取り合ったのです。このような事件に巻き込まれないようにするためには，まずは，教師や保護者が現状を知る努力をすることが必要です。

3.7.3 ネットの中を生きる子どもたち

内閣府が実施した「青少年のインターネット利用環境実態調査」（内閣府，2017, 2019）で，低年齢層の子どものインターネット利用状況の実態調査も行われました。2020年，0歳のインターネット利用率は7.1％，6歳は71.2％，9歳は87.2％でした（図3.11）。低年齢の子どもたちのインターネットの利用が進み，同時にネット依存や，ネット問題に直面していることを示唆しています。早期の情報モラル教育の実施が求められます。

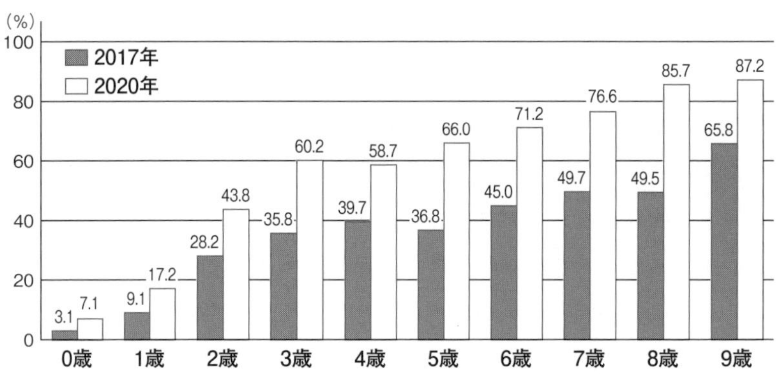

図3.11　**インターネット利用率（子どもの年齢別）**（内閣府，2017，2020）

3.7.4　インターネット依存度テスト

それでは，インターネット依存症の度合いはどうやって計測すればよいのでしょうか。現在，いくつかの主要なスクリーニングテストがありますが，その中でも特に多く用いられているのが，「インターネット依存」の概念を提唱したヤング（Young, K. S.）が作成した DQ（Diagnostic Questionnaire）と IAT（Internet Addiction Test）です。

ヤング（Young, 1996）が開発した DQ は，8 項目の簡単な自己診断で，5 項目以上にあてはまった場合に依存症の危険性を警告するものです（**表 3.4**）。これは，厚生労働省研究班が 2017 年度に実施した全国調査にも採用されています。

表 3.4　**DQ の 8 項目**（Young, 1996）

		回答
1	あなたはインターネットに夢中になっていると感じていますか？（たとえば，前回にネットでしたことを考えたり，次回ネットをすることを待ち望んでいたり，など）	①はい　②いいえ
2	あなたは，満足をえるために，ネットを使う時間をだんだん長くしていかねばならないと感じていますか？	①はい　②いいえ
3	あなたは，ネット使用を制限したり，時間を減らしたり，完全にやめようとしたが，うまくいかなかったことがたびたびありましたか？	①はい　②いいえ
4	ネットの使用時間を短くしたり，完全にやめようとした時，落ち着かなかったり，不機嫌（ふきげん）や落ち込み，またはイライラなどを感じますか？	①はい　②いいえ
5	あなたは，使い初めに意図したよりも（はじめに思ってたよりも），長い時間オンラインの状態で（ネットにつながって）いますか？	①はい　②いいえ
6	あなたは，ネットのために大切な人間関係，学校のことや，部活のことを台無し（ダメ）にしたり，あやうくするような（きけんな）ことがありましたか？	①はい　②いいえ
7	あなたはネットへの熱中のしすぎをかくすために，家族，学校の先生やその他の人たちに，うそをついたことがありますか？	①はい　②いいえ
8	あなたは，問題から逃げるために，または，絶望（ぜつぼう）的な気持ち（希望が持てない），罪悪（ざいあく）感（うしろめたい，心苦しい気持ち），不安，落ち込みなどといった，いやな気持から逃げるために，ネットを使いますか？	①はい　②いいえ

コラム3.1　ピアサポートによるいじめの予防的取組み

全校集会で校長が「みなさん，いじめは決して許されないことです。いじめは絶対にやめましょう！」といくら高々に宣言しても，いじめがなくなるわけではありません。教師主導のいじめ指導では，いじめの根を断ち切ることは難しいため，子どもの力を生かしたピアサポートによる「いじめ予防」が有効です。

いじめは，言葉のいじめから始まります。子どもがいじめと感じる言葉は〈チクチク言葉〉と呼ばれます。ある学校の調査では，〈チクチク言葉〉の第1位が「死ね」，第2位は「キモい」，第3位は「ウザい」でした。その他にも「クサい」「消えろ」「邪魔」など多数あります。一方，子どもがかけられてうれしい言葉は〈ほんわか言葉〉〈キラキラ言葉〉と呼ばれます。第1位は「ありがとう」，次に「優しいね」「おはよう」などが続き，日常の何気ないあいさつの言葉が上位に入っています。

「いじめ予防プログラム」では，〈チクチク言葉〉撲滅運動を行っている学校が成果を上げています。学級・学年・児童会・生徒会で，子どもたち自身がいじめで使われる言葉のアンケート調査をし，その結果をまとめ，自分たちの学級・学校の〈チクチク言葉〉の順位を決定します。上位にランキングされた言葉は絶対に使わないという運動を自主的に行うのです。

いじめのアンケート調査は，児童会・生徒会の子どもたちの目線で作成された手づくりのほうがよいでしょう。子どもたち主体で行われるアンケートの集計・結果発表と対策は，いじめのない〈学校風土〉を育てる近道です。彼らをいじめ防止のリーダーに育てていくことが，教師の役目です。このように子どもたちが主体となる運動を，各学校・地域で推進していただきたいものです（金山，2011）。

参考図書

栗原 慎二 (2020). 教育相談コーディネーター――これからの教育を創造するキーパーソン―― ほんの森出版

春日井 敏之・西山 久子・森川 澄男・栗原 慎二・高野 利雄 (編著) (2011). やってみよう！ピア・サポート――ひと目でポイントがわかるピア・サポート実践集―― ほんの森出版

小泉 令三 (2011). 社会性と情動の学習 (SEL-8S) の導入と実践 ミネルヴァ書房

復習問題

1. アセスメントについて説明してください。
2. ピアサポートについて説明してください。
3. PBIS について説明してください。
4. SEL について説明してください。

第 II 部

福祉と臨床心理学

第4章 福祉における臨床心理学の役割

わが国はかつてないほどの超高齢かつ少子社会となっています。たとえば，高齢者の数が増えることにより，介護の問題が身近になっています。また，少子化なのに保育所待機児童がなかなか解消されません。このことはまさに福祉領域の問題です。現在の私たちの周りには福祉の問題がたくさん横たわっています。本章では，福祉とは何かを考えた上で，これから福祉に特に必要になってくる臨床心理学がどのように関係するのかについて，理解をしていくことにしましょう。

4.1 福祉とは何か

福祉とは何でしょうか。福祉の「福」の字にも「祉」の字にも幸せという意味があります。福祉は日本国憲法（第13条　幸福追求権，第25条　生存権）で初めて使われた言葉で，人々の幸せな生活を作るという意味が込められています。では，ここに出てきた人々は誰を指すのでしょうか。日本国民全体を対象にするという考え方もありますが，狭義には社会的に弱い立場にある人（子ども，高齢者，障害者，女性や貧困や暴力にあえいでいる人たちなど）に対して，さまざまな社会制度を通して，幸せな生活を目指していこうという意味が強いようです。

もともと福祉はウェルフェア（welfare）という，どちらかといえば救貧的な意味合いをもつ考えであったのですが，昨今はウェルビーイング（well-being）という，個人の権利や自己実現が保障される考え方を含んだ，より積極的なものに変化してきています。また，ノーマライゼーションという，特定の人たちを差別，排除することなく，誰もがあるがままの存在で受け入れられ，安心した生活のできる共生社会を目指すという考え方もしだいに定着してきています。

元号が平成から令和に替わり，振り返るとかなり時代の変化がありました。特に深刻なのは少子高齢化です（図 4.1）。歯止めがきかずに「超」の字をつけなくてはならなくなりました。若年層の激しい減少と高齢者の増加によって社会構造は大きく変わりました。家庭での介護問題が生活に大きな影響を与え，高齢者による交通事故・犯罪など，目にする社会事象が一時代前と比べて様変わりしています。子どもの人数が減っているにもかかわらず，子どもの虐待相談件数はうなぎ上りで終わりが見えない状況です。これらの人々を対象とするのが福祉の役割でもあるのですが，この役割が 3K（きつい，きたない，危険）と呼ばれて敬遠され，なかなか待遇が改善されないために，慢性的な人手不足になっています。

21 世紀に入る頃から，福祉に関する法律や制度が多く作られ，児童においては児童福祉法の度重なる改正，障害者においては，発達障害者支援法（2005），障害者総合支援法（2013），障害者差別解消法（2016），高齢者領域では，介護保険法（2000），認知症施策推進総合戦略（新オレンジプラン，2015）が策定されました。また，児童虐待の防止に関する法律（児童虐待防止法，2000），高齢者虐待の防止，高齢者の養護者に対する支援等に関する法律（高齢者虐待防止法，2006），障害者虐待の防止，障害者の養護者に対する支援等に関する法律（障害者虐待防止法，2011）などが制定され，増え続ける虐待への対応が急務となっています（大迫，2018）。しかし，これらの施策は時代の流れの後追いをすることが多く，決して十分な対応がなされているとはいえません。

4.2　福祉と臨床心理学の立場

このように，社会的に弱い立場にある人たちや，そこに発生するさまざまな問題に対して，法律や福祉的な制度を用いて支援が行われています。さまざまな社会制度を通して，幸せな生活を目指していくために，福祉サービスの利用

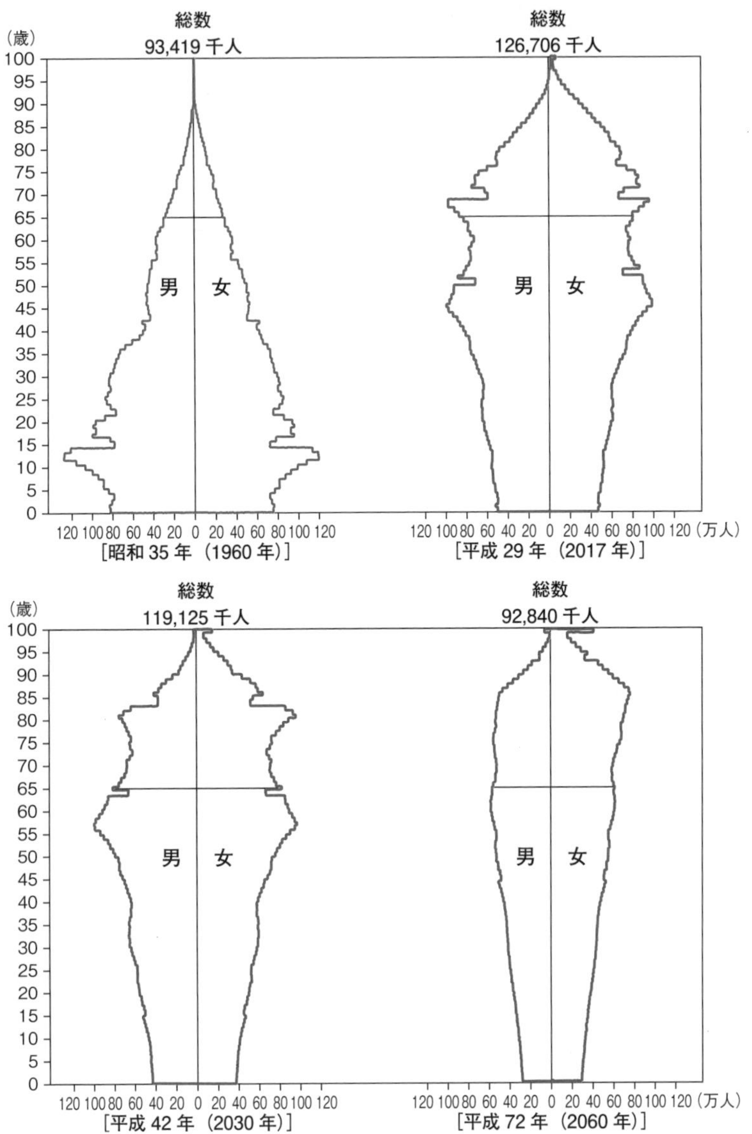

(注)1960年は沖縄を含まない。2030年と2060年は推計より(中位推計)。100歳は100歳以上を含む。

資料:総務省統計局「国勢調査」「人口推計年報(平成29年10月1日現在)」2018
国立社会保障・人口問題研究所「日本の将来推計人口(平成29年推計)」2017

図4.1 **人口ピラミッドの過去と将来**(母子愛育会愛育研究所,2019より)

の相談があったり，日常生活全般の支援が考えられたりしています。

ただ，法律や制度があっても該当するすべての人たちが恩恵を受けるわけではありません。また，法律や制度は万全というわけではなく，一人ひとりが対応してもらえるような細かいところまでは決められていません。個人個人で事情が異なり，その考え方も違います。このような状況に合わせて対応するために，福祉と心理学はそれぞれ切磋琢磨してきた歴史があります。福祉も心理学も人の心に寄り添っていくことでは変わりありません。特に臨床心理学は，研究だけでなく実践を通してこのことを大切にして発展してきた学問といっても過言ではないでしょう。

しかし，このように弱い立場にある人すべてが，単純に「困っている，だから支援を求める」というわけではありません。それまで生きてきた人生や生活している環境によっては，「武士は食わねど高楊枝」のように福祉の世話にはなりたくないといって支援を拒んだり，生きていく気力までなくしたりしている場合もあります。また心の中では不本意であっても，仕方なく援助してもらっている人もいるかもしれません。このような人たちに一方的に支援を押しつけることでは前に進みません。

臨床心理学は，精神的，情緒的，行動的，身体的といった問題解決を目的として包括的なアセスメントに基づく援助やコンサルテーションを行うことが特徴的です（高橋，2017）。このような状況の場合に，まさにこの学問の知見や培われたスキルが必要となってくるわけです。

このために福祉現場では，さまざまな福祉の専門職が臨床心理学を学んで実践することもあります。しかし，臨床心理学自体が広大な学問であり，実践のトレーニングも必要とされるため，十分にその学びを体得して活用することはたやすいことではありません。

4.3 心理専門職の福祉への参入

近年，臨床心理学を学んだ専門職が福祉現場に入って活躍するケースが増えてきました。従来の臨床心理士資格だけでなく，新たに加わった公認心理師資格をもつ専門職の活躍も嘱望されてきています。福祉の支援を受け入れにくい人とじっくり付き合いながら，その人の心の葛藤に対峙していき，前を向いて生きていけるように支えるという役割は重要です。

また，その人を取り巻く生活環境やそれまでの人生，もっている人格などを包括的にアセスメントして，支援方法を提案することも大きな役割です。このアセスメントは臨床心理学において重要な位置づけにありますから，臨床心理学を学んだ心理専門職においては得意とする分野ではあります。しかし，もともと臨床心理学は，心理検査や行動観察による対象者個人のアセスメントを中心としていたため，その生活の背景や取り巻く環境にまで視点を大きく広げることが必要となってきており，この点を含めた包括的なアセスメントをしていくことが要求されます。

そして，その際には多職種との協働は必須となります。臨床心理学の基礎は密室における個対個の実践が中心であり，そのような土俵の上での実践活動に慣れた専門職が多かったように感じます。しかし，包括的にアセスメントするためには，社会福祉関係（表 4.1），医療関係，教育関係などの専門職から情報や知見，専門的視点を得ることが重要です。このためにも多職種との連携を模索していき，チームとして活動することが与えられたミッションにもなり得ると思われます。

4.4　公認心理師法における福祉心理学

公認心理師法が2017年に施行され（表 4.2），2018年から各大学でも国家資格である公認心理師を養成するカリキュラムがスタートしています。これまでの臨床心理士の資格と共に，心理職の新しい活躍に寄与することが期待されています。この中では，公認心理師が活躍するべき5つの領域が指定され，医療，教育，司法，産業と並んで福祉が入っています。

そして，公認心理師法施行規則の中には，公認心理師になるために大学で学ぶ必要のある科目の一つとして福祉心理学があげられています。この福祉心理学で学ばなければならない内容は，①福祉現場において生じる問題及びその背

表 4.1　**福祉の仕事と職種**（全国社会福祉協議会中央福祉人材センター，2020 より抜粋）

仕事の分野		職務 （施設・事業所ごとに いろいろな名称がある）
介護（ケアワーク）の仕事	身体や精神の障害・病気などにより，日常の生活を行うのに支障のある人の介護を行います。	○ケアワーカー（介護職員，生活支援員，介助員） ○ホームヘルパー　など
保育の仕事	子どもに食事やトイレ，睡眠などの基本的な生活習慣を身につけさせたり，遊びを通して集団活動や社会性を育成することを支援します。	○保育士 ○保育教諭
相談援助の仕事	サービス利用者の生活全般の相談に応じて助言・援助，精神的な支援を行います。共通していることは，ケースワークやグループワークなどの援助技術を活用して利用者の自立を支援することで，ソーシャルワーカーと総称されることもあります。	○生活指導員 ○生活相談員 ○ソーシャルワーカー ○職業指導員 ○就労支援員 ○福祉事務所職員（行政福祉担当職員） ○福祉活動専門員（地域福祉コーディネーター）
		○児童指導員
		○ケアマネジャー（介護支援専門員）
看護，リハビリテーション関係の仕事	看護職は，医師の医療行為を支えるとともに，利用者の日常的な健康管理や衛生管理，医療的なケアを行います。理学療法士，作業療法士，言語聴覚士，視能訓練士は，身体の障害の機能回復や日常生活への復帰を図るリハビリテーションを行います。	○看護師 （看護師，保健師）
		○理学療法士 ○作業療法士 ○言語聴覚士 ○視能訓練士
栄養・調理関係の仕事	利用者の食事を支える役割を担います。	○栄養士 ○調理員
運営管理関係の仕事	事務・経理，そして管理者など，施設や事業所の運営管理の仕事を行います。	○事務職員 ○施設長

景，②福祉現場における心理社会的課題及び必要な支援，③虐待についての基本的知識，となっています。福祉心理学という授業は，これまで心理学のカリキュラムではあまり扱われてこなかったものです。この名称を使う学問としては確かに新しいものではありますが，対象としている領域や内容は，戦後の福祉が動き出してから培われた蓄積があり，一朝一夕に作り出されたものではあ

表 4.2　**公認心理師法概要**（厚生労働省，2017）

一　目的

公認心理師の資格を定めて，その業務の適正を図り，もって国民の心の健康の保持増進に寄与することを目的とする。

二　定義

「公認心理師」とは，公認心理師登録簿への登録を受け，公認心理師の名称を用いて，保健医療，福祉，教育その他の分野において，心理学に関する専門的知識及び技術をもって，次に掲げる行為を行うことを業とする者をいう。

①心理に関する支援を要する者の心理状態の観察，その結果の分析
②心理に関する支援を要する者に対する，その心理に関する相談及び助言，指導その他の援助
③心理に関する支援を要する者の関係者に対する相談及び助言，指導その他の援助
④心の健康に関する知識の普及を図るための教育及び情報の提供

三　試験

公認心理師として必要な知識及び技能について，主務大臣が公認心理師試験を実施する。受験資格は，以下の者に付与する。

①大学において主務大臣指定の心理学等に関する科目を修め，かつ，大学院において主務大臣指定の心理学等の科目を修めてその課程を修了した者等
②大学で主務大臣指定の心理学等に関する科目を修め，卒業後一定期間の実務経験を積んだ者等
③主務大臣が①及び②に掲げる者と同等以上の知識及び技能を有すると認めた者

四　義務

1　信用失墜行為の禁止
2　秘密保持義務（違反者には罰則）
3　公認心理師は，業務を行うに当たっては，医師，教員その他の関係者との連携を保たねばならず，心理に関する支援を要する者に当該支援に係る主治医があるときは，その指示を受けなければならない。

五　名称使用制限

公認心理師でない者は，公認心理師の名称又は心理師という文字を用いた名称を使用してはならない。（違反者には罰則）

六　主務大臣

文部科学大臣及び厚生労働大臣

七　施行期日

一部の規定を除き，公布の日から起算して２年を超えない範囲内において政令で定める日から施行する。

八　経過措置

既存の心理職資格者等に係る受験資格等について，所要の経過措置を設ける。

りません。実はそこには福祉と共に歩んだ心理学の視点と活動があります。先にあげた，学ばなければならない内容の②と③に該当するところです。詳しくは次章で見ることにしましょう。

コラム 4.1　心理万能主義

昔，筆者は児童相談所に勤めていたのですが，当初はプレイセラピーやカウンセリングを用いれば何でも問題が改善するといった「幻想」をもっていました。ところが，児童相談所では心理療法を行おうとしても時間も場所もままならず，先輩たちは相当いいかげんな枠組みで対応しているように見えました。筆者はそこに大いに不満を感じていましたが，時がたつうちにこれが児童相談所のやり方なのだと考えるようになりました。臨床心理での心理療法はまず治療契約があり，それが守られることが前提で進んでいたのですが，児童相談所での心理臨床は，まずつながることに重点がおかれていたのです。相談者が1時間遅れてきても，来てくれたことを大切にするような対応がとられていました。そうして，厳密な心理療法を行っていくよりも，生活に合わせた臨機応変な対応が重要であることがわかってきたのです。児童相談所のみならず，福祉領域の心理とはまさにそういうものなのかもしれません。

参 考 図 書

中島 健一（編）（2018）．福祉心理学　遠見書房

太田 信夫（監修）小畑 文也（編）（2017）．福祉心理学　北大路書房

村瀬 嘉代子・森岡 正芳・日詰 正文・増沢 高（編）（2015）．臨床心理学 89（第 15 巻 5 号）　福祉臨床で働く心理職のスタンダード　金剛出版

復 習 問 題

1. 福祉と心理の共通点と相違点はどのようなところでしょうか。

第5章 福祉における心理臨床の方法

第４章で述べたように，心理職の大きな役割は，その人を取り巻く生活環境やそれまでの人生，もっている人格などを包括的にアセスメントして，支援方法を提案することです。臨床心理学は，心理検査や行動観察による対象者個人のアセスメントを中心としていましたが，その生活の背景や取り巻く環境にまで視点を大きく広げることが必要となります。

問題を引き起こす要因にはさまざまなものがあります。本章では，それらに対する包括的なアセスメントを行う視点を見ていくことにしましょう。

5.1 個人的要因

まず，個人に帰属するさまざまなものをしっかりとアセスメントすることが重要になります。アセスメントの方法には心理検査，面接，調査などがありますが，個人的要因をアセスメントする場合には心理検査が多く使われます。心理検査はその個人の特性，特質を測定するものとして，その用途によって多種多様に開発されてきています。この心理検査は大きく知能・発達検査と人格検査の２つに分けられ，人格検査の中に投映法と質問紙法があります。この他にも特定の対象や状況に特化したものや作業検査法のように施行方法が特殊なものがあります（表5.1）。また，対象が子どもか高齢者かによっても検査を使い分けていかなくてはなりません。まだ言語理解能力や表現能力が低い子ども，知的・身体能力が衰えてきている高齢者や障害がある人などに，それぞれに適した検査や施行方法を考えていく必要があります。特に，乳幼児から高齢者に至る人生の位置づけには発達的な視点が大切です。どのように生まれてどのよ

表 5.1　**各種臨床心理検査**（高橋・津川，2015；津川・遠藤，2019 を参考に筆者が作成）

知能検査	田中ビネー知能検査Ⅴ WAIS-Ⅲ WISC-Ⅳ WPPSI-Ⅲ 日本版 KABC-Ⅱ ITPA 言語学習能力診断検査　など
発達検査 行動評定尺度	新版 K 式発達検査 2001，2020 乳幼児精神発達診断検査法 遠城寺式・乳幼児分析的発達検査法 KIDS 乳幼児発達スケール 新版 S-M 社会生活能力検査 DAM 日本版 Vineland Ⅱ適応行動尺度 MSPA M-CHAT PARS-TR　など
質問紙法	Y-G 性格検査 NEO-FFI MMPI CMI 健康調査票 POMS2 MAS 日本版顕在性不安検査 SDS 自己評価式抑うつ尺度 新版 TEG Ⅱ　など
投映法	ロールシャッハテスト SCT TAT P-F スタディ 各種描画法　など
作業検査	クレペリン精神作業検査 ベンダー・ゲシュタルト・テスト　など
その他	長谷川式認知症スケール　など

うに育ち，どのような経験をして今に至っているのか，これからどのような人生を歩んでいくのか，といった長い時間軸の中で対象となる人を把握してアセスメントをしていくことが，特に福祉領域の心理臨床では大切になってきます。ただし，その人個人のみに帰属する，発達を推し進める要因というものはありません。必ず周りの環境との相互作用によって形成されるものですから，後述

する他の要因を念頭において考えていくことが必要になります。

また，問題の様相や症状によっては，心理検査は単独で用いられるだけでなく，複数の検査を組み合わせて行われます。発達検査だけでその対象者の発達の様相がすべてわかるわけではありません。より体系的なアセスメントを行うために，いろいろな検査を組み合わせて使用します。これを**テスト・バッテリー**と呼びます。

ここでは心理検査におけるアセスメントを中心に述べましたが，検査以外にも行動観察や周辺からの情報収集を大切にしてアセスメントをする必要があります。検査ばかりに目を向けていると数値や結果ばかりに気をとられて，生きた人間をしっかりと見ることができなくなります。

5.2 発達的要因

発達とは，人間が受胎してから死ぬまでの時間に起きる心身や行動上の質的・量的な変化，と考えることもできます。高齢者もすべて昔は子どもであり，母親のお腹の中にいたわけです。人間は一生を通してとてつもなく多くの経験を蓄積し，変化を遂げていきます。当然そこには，一人ひとり唯一無二の個性がある（5.1節で示した個人的要因）と同時に，年齢などによってどのように学習していくかに自ずと制限が生まれます。まだ言語的なコミュニケーションを体得していない乳児に言葉でものを教えるのが難しいように，発達年齢（発達段階）には一般的な特徴や制約があります。そのことを理解した上でその段階に合ったアセスメントを行っていく必要があります。

当たり前ですが，文字が書けない子どもに，文章で答えを書かせることはできません。検査には当然制限があり，対象年齢によってWAIS，WISC，WPPSIと分けられているウェクスラー式知能検査を代表に，多くの心理検査には対象年齢が規定されています（**表5.2**）。ただ，この対象年齢は定型発達とされる一般的な発達の様相が想定されているので，障害がある子どもたちが対象となっていない場合が多くあります。何らかの明らかな障害を背負いながら発達していく子どもたちにアセスメントを行う場合には，定型発達とそれが

表 5.2　**知能・発達検査の対象年齢**

田中ビネー知能検査Ⅴ	2 歳～成人
WAIS-Ⅳ	16 歳 0 カ月～90 歳
WISC-Ⅳ	5 歳 0 カ月～16 歳 11 カ月
WPPSI-Ⅲ	2 歳 6 カ月～7 歳 3 カ月
KABC-Ⅱ	2 歳 6 カ月～18 歳 11 カ月
ITPA 言語学習能力検査	3 歳 0 カ月～9 歳 11 カ月
新版 K 式発達検査 2001，2020	0 歳～成人
乳幼児精神発達診断検査法	0 歳～3 歳・3 歳～7 歳
遠城寺式・乳幼児分析的発達検査法	0 歳～4 歳 8 カ月
KIDS 乳幼児発達スケール	0 歳 1 カ月～6 歳 11 カ月
新版 S-M 社会生活能力診断検査	乳幼児～中学生
日本版 Vineland-Ⅱ適応行動尺度	0 歳 0 カ月～92 歳 11 カ月

障害によってどのような影響を受けているか，また環境との相互作用によってどのような個性的な特徴が生まれてきているかといった発想をもって臨まなくてはなりません。今耳目を集めている発達障害は，医学的な診断がついた静的なものではなく，どんどん変化を繰り返していく発達の道筋の個性として動的なものである，という視点も忘れてはならないのです。

5.3　家庭的要因

人は一人では生きていけないものです。今，一人で孤独に暮らしている人でも，人生のどこかの時点では家庭があり，家庭の存在が人生に大きな影響を及ぼしているはずです。いつ頃にどのような家庭でどのように育ったかによって，個人差は広がっていると考えられます。

一般的には父や母，きょうだいなどの家族の営みを家庭と考えますが，福祉領域においては，このような家庭とは異なった特性をもつ家庭像も見受けられます。わが国では，少子高齢化によって子どもの数も減ってきて，高齢者介護も無視できない家庭状況が出てきています。しかし，それ以上に増えてきている，児童虐待（図 5.1）や DV にさらされている状態，ヤングケアラー，子ど

1. 令和2年度の児童相談所での児童虐待相談対応件数

令和2年度中に，全国220か所の児童相談所が児童虐待相談として対応した件数は205,029件（速報値）で，過去最多。

※対前年度比＋5.8%（11,249件の増加）（令和元年度：対前年度比＋21.2%（113,942件の増加））

※相談対応件数とは，令和2年度中に児童相談所が相談を受け，援助方針会議の結果により指導や措置等を行った件数。

※令和2年度の件数は，速報値のため今後変更がありうる

2. 児童虐待相談対応件数の推移

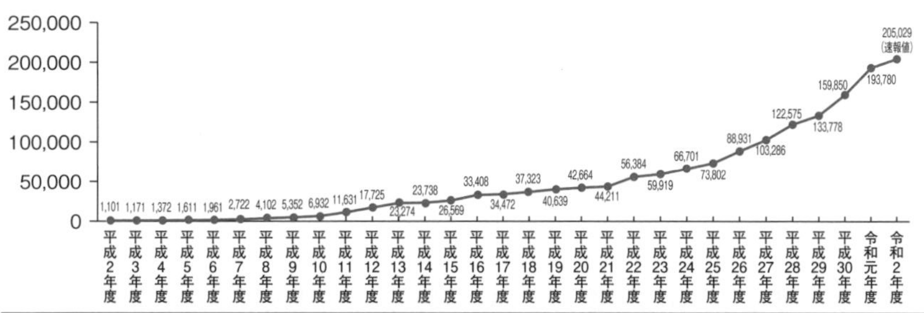

年度	平成21年度	平成22年度	平成23年度	平成24年度	平成25年度	平成26年度	平成27年度	平成28年度	平成29年度	平成30年度	令和元年度	令和2年度（速報値）
件数	44,211	注）56,384	59,919	66,701	73,802	88,931	103,286	122,575	133,778	159,850	193,780	205,029
対前年度比	＋3.6%	—	—	＋11.3%	＋10.6%	＋20.5%	＋16.1%	＋18.7%	＋9.1%	＋9.5%	＋21.2%	＋5.8%

注）平成22年度の件数は，東日本大震災の影響により，福島県を除いて集計した数値。

3. 主な増加要因

- 心理的虐待に係る相談対応件数の増加
  （令和元年度：109,118件→令和2年度：121,325件（＋12,207件））
- 警察等からの通告の増加
  （令和元年度：96,473件→令和2年度：103,619件（＋7,146件））

（令和元年度と比して児童虐待相談対応件数が大幅に増加した自治体からの聞き取り）

- 心理的虐待が増加した要因として，児童が同居する家庭における配偶者に対する暴力がある事案（面前DV）について，警察からの通告が増加。

図5.1　**児童相談所での児童虐待相談対応件数とその推移**（厚生労働省，2021）

もの7人に1人が貧困状態という脆弱な家庭環境が問題となっています。このような環境に子どもが育つと，心理面，行動面や対人関係面に大きな影響が出てくる可能性があり，広い意味での人格形成にも問題が生じる場合があります。また児童虐待の増加に伴って，児童養護施設で生活したり，里親と一緒に暮らす子どもたちも増えてきています。一方で，家族と疎遠となっている一人暮らしの高齢者もよく見受けられるようになっています。

このようなさまざまな家庭状況，家庭の生育歴とでもいうようなその人の人

生の中での家庭のあり方，変化をしっかりとアセスメントすることで，家庭が人格形成や対人関係，日々の生活の基盤にどのような影響を与えているかを考えていくことが重要です。

5.4　集団参加（保育園・学校・会社など）要因

人は生まれてから最初のうちはほぼ家庭内だけの生活環境ですが，しだいに集団参加の機会が増えてきます。早い子どもは親の仕事等の都合で保育園（認定こども園）等に1歳前後から入園しますし，現在はそうでなくても2歳台からの集団参加が増えてきました。ここにも少子化の影響があり，子どもたちの近隣での自然な交流の機会が減ってきているために，集団参加の時期が早まっているようにも考えられます。それから，小学校への就学，中学校，高校への進学を経て，大学進学か就職して社会へ出ることになります。その後の人生は，どのような会社などでどのような仕事をして自立していくかということになります。

一時代前に比べると集団も多様化してきています。幼児が通う場としても，公立あるいは民間の幼稚園，保育園だけでなく認定こども園，障害幼児向けの児童発達支援などが増え，小学生にも学童保育（放課後児童クラブ）だけでなく，障害児対象の放課後等デイサービスが出現しました。新しい試みとして中高一貫校だけでなく小中一貫校も始まり，義務教育や高校教育も変化してきています。いずれも背景には少子化による子どもの数の減少やグローバリズムにおける教育の多様化があるようです。不登校に対しても定時制高校，通信制高校，サポート校などさまざまな形態の学校が存在し，子どもたちが参加できる集団の選択肢が増えてきています。一方，就労においても終身雇用制が変化し始め，離職・転職が以前に比べて増えてきているようです。また，正規・非正規雇用による経済格差も出てきているので，これが貧困とも連動しています。

このように，所属する集団が多様化しているために，そこでどのような経験をするかが，生活への影響，心身への影響に色濃く反映します。福祉領域におけるアセスメントを行うにあたっては，家庭以外の準拠集団の要因をよく知ってその影響を考えておくことが必要です。

5.5 社会的要因

前節でも述べましたが，現代は集団の多様化が進行して，社会の中の位置づけが複雑になっています。昔は圧倒的大多数の中でもがき苦しむ少数派を福祉が支援するという構図でした。女性，障害者，子ども，高齢者，経済的困窮者などの社会的弱者といわれる人たちを支えるための福祉であったように思います。もちろん今もその構図は変わっていないと思うのですが，以前のような明確な価値観が薄れてきており，いわゆるグレイゾーンが増えているような気がします。発達障害やLGBTQ，ワーキングプアなどの人たちは現代社会では理解されにくく，なおさら苦しんでいることも考えなくてはなりません。残念ながらわが国における社会制度は十分とはいえず，個別的に一つひとつに対応していかなくてはならない状況です。心理職はこれらのことを理解しながら，対象となる人の社会の中での地位とそこから受けるさまざまな影響を認識しながら活動していくことになります。

5.6 まとめ

福祉領域での心理職の大きな役割は，その人を取り巻く生活環境やそれまでの人生，もっている人格などを包括的にアセスメントして，支援方法を提案することです。そのためには本章で述べた5つの視点をもって臨むことが重要になります。臨床心理学の立場では，このような5つの視点がなかったわけではありませんが，5.1節の個人的要因に重点がおかれる傾向が強かったかもしれません。しかし，目の前にいる支援を求める人の何をどこまで認識して理解するかという広さと厚みのある視点が重要となります。そのため，時間的変化を考慮する発達的要因，人間関係の原点である家庭的要因，その発展として集団参加要因，そして広い視野から社会的な位置づけを考えていく社会的要因を見据え，心理検査だけに頼らない包括的なアセスメントを行って，効率的な支援

コラム 5.1　あらゆる年齢層を対象とした発達検査——新版 K 式発達検査

わが国の発達検査でよく利用されている**新版 K 式発達検査**は，発達の個人的な様相を幅広く把握するために適した検査です。1980 年にもともとあった乳児用，幼児用，児童用の検査を組み合わせたものが新版 K 式発達検査として刊行され，1983 年に 14 歳にまで対象を伸ばしたものが増補版として作成されました。そして 2002 年に対象年齢を成人まで広げた新版 K 式発達検査 2001 が国内で使用されるようになり，2020 年にバージョンアップされた新版 K 式発達検査 2020 が刊行されました。聴き取りではなく対面で施行する 0 歳～成人まで，あらゆる年齢層を対象とできる，世界でも稀有な検査です。これは発達を時間の流れと考えて，生まれてからの経験の積み重ねの上に現在があるという視点で作られているもので，これによって認知能力にデコボコのある発達障害の特性について，発達をベースにした理解に役立てることができます。

を模索していくことが必要になると思われます。

また，心理職が働く福祉領域の機関や施設の目的や対象によって，これら 5 つの視点の中で重点がおかれるものが変わってきますので，この点も考慮しておくことが必要です。次の第 6 章では代表的な機関や施設を具体的にあげながら，支援の方法について述べていきたいと思います。

参考図書

大島 剛（2015）.「育ち」と「癒やし」から乳幼児のアセスメントを考える　川畑 隆（編）子ども・家族支援に役立つアセスメントの技とコツ——よりよい臨床のための 4 つの視点，8 つの流儀——　明石書店

氏原 寛・岡堂 哲雄・亀口 憲治・西村 州衛男・馬場 禮子・松島 恭子（編）（2006）. 心理査定実践ハンドブック　創元社

復習問題

1. 包括的なアセスメントを行うための 5 つの視点（個人的要因，発達的要因，家庭的要因，集団参加要因，社会的要因）の関連を考えてみましょう。

第6章 福祉における心理臨床の対応

第５章では，福祉領域における心理職の大きな役割である包括的なアセスメントを行うための視点を中心に述べました。この章ではもう一つの大きな役割である心理的な支援について紹介していきます。福祉領域にはさまざまな支援の形態があり，アセスメントを行った上で，必要とする人にいかに適切な支援を提供していくかが重要となります。臨床心理学がこれまで行ってきた心理療法もしかりですが，福祉領域における包括的な支援を考えた上での心理的な対応という視点が重要となります。福祉領域といっても支援をする人の対象や方法によって機関や施設が異なり（表 6.1 参照），その場所に応じた支援の方法があります。本章では，それぞれ代表的な施設を取り上げながら解説していくことにします。

6.1 児童相談所

児童相談所（子ども家庭センターなど，地域によって名称が異なっている場合が多い）は，児童福祉法によって全国に設置が義務づけられている児童福祉領域における古くからある機関です。現在は児童虐待の専門機関としての存在感が強くなっていますが，もともとは 18 歳未満の子どもたちのあらゆる相談に対応できるように設置されている機関です。都道府県立，政令指定都市立，中核市立のものを合わせて全国に 225 カ所（令和 3 年 4 月 1 日現在）あり，児童相談所の心理を司る正規の職員を児童心理司（旧心理判定員）といい，全国で 1,570 人（平成 31 年 4 月 1 日現在）が働いています。これ以外に療育手帳業務や一時保護所担当の非常勤心理職員も多数います。

児童相談所は図 6.1 に示すような相談援助活動を行っています。児童心理司

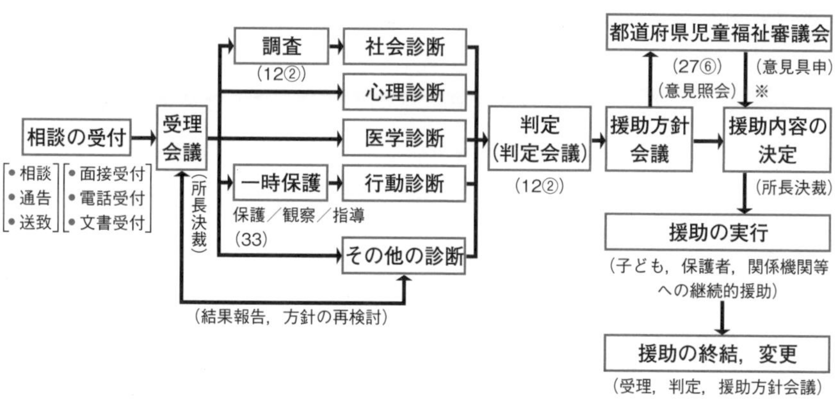

※

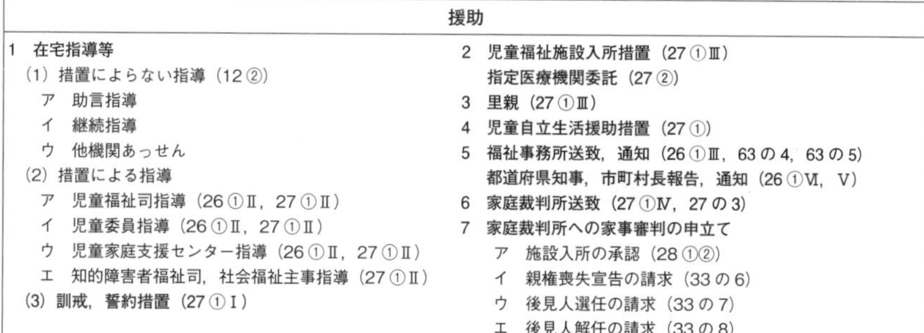

援助

1 在宅指導等
(1) 措置によらない指導 (12②)
ア 助言指導
イ 継続指導
ウ 他機関あっせん
(2) 措置による指導
ア 児童福祉司指導 (26①Ⅱ，27①Ⅱ)
イ 児童委員指導 (26①Ⅱ，27①Ⅱ)
ウ 児童家庭支援センター指導 (26①Ⅱ，27①Ⅱ)
エ 知的障害者福祉司，社会福祉主事指導 (27①Ⅱ)
(3) 訓戒，誓約措置 (27①Ⅰ)

2 児童福祉施設入所措置 (27①Ⅲ)
指定医療機関委託 (27②)
3 里親 (27①Ⅲ)
4 児童自立生活援助措置 (27①)
5 福祉事務所送致，通知 (26①Ⅲ，63の4，63の5)
都道府県知事，市町村長報告，通知 (26①Ⅵ，Ⅴ)
6 家庭裁判所送致 (27①Ⅳ，27の3)
7 家庭裁判所への家事審判の申立て
ア 施設入所の承認 (28①②)
イ 親権喪失宣告の請求 (33の6)
ウ 後見人選任の請求 (33の7)
エ 後見人解任の請求 (33の8)

(数字は児童福祉法の該当条項等)

図 6.1 児童相談所における相談援助活動の体系・展開 (厚生労働省，2019)

はそこで心理診断を行い，各種会議や援助の実行に関わっています。児童相談所の援助にはさまざまな種類がありますが，措置によらない指導の「イ　継続指導」として，通所してくる子どもたちに対してオーソドックスな心理療法的アプローチがとられています。児童福祉司とペアになってプレイセラピーを行ったり，親面接を担当してカウンセリングを行ったりする以外にも，箱庭療法，認知行動療法，家族療法，障害児への集団療法，ソーシャルスキルトレーニングなどが行われていることもあります。しかし，昨今は増え続ける児童虐待対応で，被虐待児へのセラピーや親へのペアレントトレーニングなどが行われるケースも出てきています。また，一時保護中の子どもや施設措置をされる子どもへの心理面接なども多く，継続的に通所する親子に対して単に心理療法を行うといった業務よりは，応用をきかせたものが多いことが特徴です（**コラム4.1** 参照）。ただし，増え続ける虐待対応の影響で，このような心理療法を用いてじっくりと対応する時間や余裕がなくなってきている児童心理司も多く，心理アセスメントに割かれる時間が大半となっている現状があります。実際には療育手帳の等級判定などを行う専属の心理職もおり，障害関係のアセスメントのウエイトも多くなっています。

また，地域によっては社会福祉法人などが運営する児童家庭支援センターがあります。これは児童家庭福祉に関する地域相談機関で，地域に根差した虐待対応なども行い，「ミニ児童相談所」と呼ばれることもあります。心理職が相談員として採用されていることもあり，さまざまな仕事をしています。

6.2 児童福祉施設

一口に**児童福祉施設**といっても，乳児院・児童養護施設・児童心理治療施設（情緒障害児短期治療施設）・児童自立支援施設・母子生活支援施設・障害児施設などさまざまな種類（**表 6.1**）があります。最近は増加する児童虐待への対応もあり，1962年に開設された情緒障害児短期治療施設を除くと，1999年以降心理職（心理療法担当職員）が配置されるようになりました。

1. 児童養護施設

児童養護施設は，児童福祉法第41条で「保護者のない児童，虐待されている児童など，環境上養護を要する児童を入所させて，これを養護し，あわせて退所した者に対する相談その他の自立のための援助を行うことを目的とする施設」とされ，全国に605カ所あり，約2万5,000人の子どもたちが生活しています（平成30年3月現在）。もともとは大舎制で多人数が集団生活をする場でしたが，国の方針により，高機能化および多機能化や質の高い個別的なケアを実現し，小規模かつ地域分散化された，できる限り良好な家庭的環境を確保する方向に変化してきています。今後は里親委託との新しい関係が模索されるようになっています。1999年からおかれた心理療法担当職員は入所している子

表 6.1　**里親数，施設数，児童数等**（厚生労働省，2019）

保護者のない児童，被虐待児など家庭環境上養護を必要とする児童などに対し，公的な責任として，社会的に養護を行う。対象児童は，約 4 万 5 千人。

里親	家庭における養育を里親に委託		登録里親数	委託里親数	委託児童数
			11,730 世帯	4,245 世帯	5,424 人
	区分（里親は重複登録有り）	養育里親	9,592 世帯	3,326 世帯	4,134 人
		専門里親	702 世帯	196 世帯	221 人
		養子縁組里親	3,781 世帯	299 世帯	299 人
		親族里親	560 世帯	543 世帯	770 人

ファミリーホーム	養育者の住居において家庭養護を行う（定員 5～6 名）
ホーム数	347 か所
委託児童数	1,434 人

施設	乳児院	児童養護施設	児童心理治療施設	児童自立支援施設	母子生活支援施設	自立援助ホーム
対象児童	乳児（特に必要な場合は，幼児を含む）	保護者のない児童，虐待されている児童その他環境上養護を要する児童（特に必要な場合は，乳児を含む）	家庭環境，学校における交友関係その他の環境上の理由により社会生活への適応が困難となった児童	不良行為をなし，又はなすおそれのある児童及び家庭環境その他の環境上の理由により生活指導等を要する児童	配偶者のない女子又はこれに準ずる事情にある女子及びその者の監護すべき児童	義務教育を終了した児童であって，児童養護施設等を退所した児童等
施設数	140 か所	605 か所	46 か所	58 か所	227 か所	154 か所
定員	3,900 人	32,253 人	1,892 人	3,637 人	4,648 世帯	1,012 人
現員	2,706 人	25,282 人	1,280 人	1,309 人	3,789 世帯 児童 6,346 人	573 人
職員総数	4,921 人	17,883 人	1,309 人	1,838 人	1,994 人	687 人

小規模グループケア	1,620 か所
地域小規模児童養護施設	391 か所

※里親数，FH ホーム数，委託児童数，乳児院・児童養護施設・児童心理治療施設・母子生活支援施設の施設数・定員・現員は福祉行政報告例（平成 30 年 3 月末現在）
※児童自立支援施設・自立援助ホームの施設数・定員・現員，小規模グループケア，地域小規模児童養護施設のか所数は家庭福祉課調べ（平成 29 年 10 月 1 日現在）
※職員数（自立援助ホームを除く）は，社会福祉施設等調査報告（平成 29 年 10 月 1 日現在）
※自立援助ホームの職員数は家庭福祉課調べ（平成 29 年 3 月 1 日現在）
※児童自立支援施設は，国立 2 施設を含む

どもにプレイセラピーを行っていることが多かったのですが，2006 年に各児童養護施設に常勤の職員をおくこととなり，その仕事内容に幅や厚みができてきています。個別の心理療法だけでなく，集団療法や施設の生活全般を心理的立場から俯瞰して子どもたちを支援し，職員のメンタルヘルスにも関与するようになりました。

2. 乳 児 院

乳児院は，おおむね2歳までの乳幼児（場合によって小学校入学前の幼児まで）を入所させる施設で，全国に140カ所，2,700人あまり（平成30年3月現在）の子どもたちが利用しています。もともと1歳未満の乳児に適するようにも作られた施設であり，児童養護施設に比べて手厚い対応ができるようになっていますが，やはり国の方針によって今後の変革が求められています。虐待経験や障害がある子どもたちも多いため，心理職は発達のアセスメントや保護者の心理的ケアに回ることも少なくありません。

3. 児童心理治療施設

児童心理治療施設は，以前は情緒障害児（自閉症や不登校も含まれた広く社会行動上の問題がある子どもを指す行政で使われていた用語）といわれた子どもたちが入所あるいは通所して心理治療などを受ける施設でしたが，「情緒障害」という言葉がわかりにくく混乱を招いたため，今はこのような呼び方となっています。現在では全国で46カ所1,300人弱（平成30年3月現在）の子どもたちが利用しており，児童養護施設で不適応を起こした子どもたちや被虐待児のケアが多くなりました。心理療法担当職員も他の施設に比べて多く配置されており，個別心理療法や集団療法の中でも被虐待児のトラウマや性加害などを扱うプログラムも行われています。また生活をまるごと支える総合環境療法（滝川ら，2016）が行われる施設でもあります。

4. 児童自立支援施設

児童自立支援施設は昔は教護院と呼ばれ，犯罪や不良行為を行った子どもや，不適切な家庭環境等から生活指導が必要な子どもに，入所または通所で自立を支援する児童福祉施設で，全国に58カ所あり，約1,300人（平成30年3月現在）が利用しています。もともとは小舎夫婦制といい，夫婦が寮をもって子どもたちと生活を共にする方法をとっていたのですが，時代の流れでこのシステムが維持できなくなりつつあります。

他の施設に比べて心理療法担当職員が配置されてから日が浅いので，個人心理療法だけでなく集団療法，性加害プログラムなど施設の特性を生かした心理的業務がさまざま模索されています。ただ，採用資格に大学院入学の条件がついているため，より高い専門性を求められています。

5. 母子生活支援施設

母子生活支援施設は以前は母子寮と呼ばれ，社会的支援が必要な母子に生活ができる場を与えるための施設で，全国に227カ所あり，3,800弱の世帯（平成30年3月現在）が利用しています。母親に知的障害や精神障害がある場合も多く，心理療法担当職員もその傾向に合わせた業務が必要となっています。

以上のような児童福祉施設における心理臨床では，オーソドックスな個別心理療法だけを安定して行うことは困難です。子どもたちはそこに住んでいるわけですから，家からどこかの施設や機関に通うという方法ではなく，そこにいながら行える心理療法を模索していくことになります。そのためには，子どもたちを1つのユニットとして考える集団療法や，生活場面の出会いの中で自然に行われる生活場面面接といった方法が有効になってきます。特に常勤職として施設に居続ける場合には，むしろこのような臨床活動が重要であると考えられます。また，被虐待児やその親への対応などで直接処遇職員のストレスが高まっていることが考えられるため，職員に対する心理的ケアも必要になってきています。

6.3 障害児（者）施設および機関

障害児（者）の機関や施設にはさまざまなものがあります。主なものとしては，知的障害者更生相談所・身体障害者更生相談所などの相談機関や，主に療育を行う児童発達支援，在宅が難しい人のための入所施設などになります。

1. 障害者更生相談所

知的障害者更生相談所は，知的障害者とその家族に対し，専門的な知識と技術を必要とする相談・指導業務や，医学的，心理学的，職能的な判定業務などを行っています。公立で運営され，そこでは心理判定員が知能・発達検査などを駆使して障害者手帳の中の療育手帳（表6.2）などの判定業務を行っています。**身体障害者更生相談所**も，身体障害者やその家族に対して同様のことを行っています。地域によっては両方を合体させた機関となっている場合もありま

表 6.2　**障害者手帳について**（厚生労働省ホームページより引用，筆者により一部改変）

	身体障害者手帳	療育手帳	精神障害者保健福祉手帳
	身体障害者手帳は，身体の機能に一定以上の障害があると認められた方に交付される手帳です。 原則，更新はありませんが，障害の状態が軽減されるなどの変化が予想される場合には，手帳の交付から一定期間を置いた後，再認定を実施することがあります。	療育手帳は，児童相談所又は知的障害者更生相談所において，知的障害があると判定された方に交付される手帳です。	精神障害者保健福祉手帳は，一定程度の精神障害の状態にあることを認定するものです。 精神障害者の自立と社会参加の促進を図るため，手帳を持っている方々には，様々な支援策が講じられています。
根拠	身体障害者福祉法（昭和 24 年法律第 283 号）	療育手帳制度について（昭和 48 年厚生事務次官通知）※通知に基づき，各自治体において要綱を定めて運用。	精神保健及び精神障害者福祉に関する法律（昭和 25 年法律第 123 号）
交付主体	•都道府県知事 •指定都市の市長 •中核市の市長	•都道府県知事 •指定都市の市長	•都道府県知事 •指定都市の市長
障害分類	•視覚障害 •聴覚・平衡機能障害 •音声・言語・そしゃく障害 •肢体不自由（上肢不自由，下肢不自由，体幹機能障害，脳原性運動機能障害） •心臓機能障害 •じん臓機能障害 •呼吸器機能障害 •ぼうこう・直腸機能障害 •小腸機能障害 •HIV 免疫機能障害 •肝臓機能障害	•知的障害	•統合失調症 •気分（感情）障害 •非定型精神病 •てんかん •中毒精神病 •器質性精神障害（高次脳機能障害を含む） •発達障害 •その他の精神疾患
所持者数	5,087,275 人 （平成 30 年度 福祉行政報告例）	1,115,962 人 （平成 30 年度 福祉行政報告例）	1,062,700 人 （平成 30 年度 衛生行政報告例）

す。相談を受け，療育や集団療法を行うこともありますが，心理判定員は判定業務に携わっていることも多いようです。

2. 発達障害者支援センター

2004年に成立した発達障害者支援法によって，**発達障害者支援センター**が作られました。これはいわゆる発達障害のある子ども，大人，またその関係者をサポートするための専門機関です。発達支援に関する相談や家庭での療育方法のアドバイス，発達検査の実施，それぞれの特性に応じた療育や教育，支援計画の作成などさまざまなことを行います。そこでは心理職が相談支援，発達支援，ペアレントトレーニング，療育支援などを行っています。

3. 児童発達支援

児童発達支援は，障害のある就学前の子どもたちが，日常生活や集団生活に適応できるような支援を行ったり家族への相談をしたりする施設です。2012年に児童福祉施設と定義され，相談援助機能のある児童発達支援センターと通所による療育や訓練を主に行う児童発達支援事業に分けられました。ここでは臨床心理士などの心理職も家族への相談や療育などに関わっています。現在急速に数が増えてきている施設でもあり，さまざまな形で心理職が活躍できる場となっていくことが期待されています。

4. 放課後等デイサービス

放課後等デイサービスは，障害のある6〜18歳の子どもたちが，学校の放課後や，夏休み，冬休みなどの長期休暇中に利用する福祉サービスです。一般の学童保育では障害のある子どもの受け入れに難航することもあったのですが，障害のある子どもとその家族を支えるためのもので，障害児のための学童保育とも考えられます。子どもを学校に迎えに行き，施設でのさまざまな活動を終えると家まで送り届けてくれるサービスもあるので，利用者は増えています。明確な訓練や療育を行っていないところもあるため，そのような面においてこれから心理職が活躍できることが期待されています。

5. 障害児入所施設

障害児入所施設は，障害のある児童を入所させて，保護，日常生活の指導および自活に必要な知識や技能の付与を行う施設で，2012年にそれまでの障害種別施設などを一元化し，医療型と福祉型としました。心理担当職員を配置することも認められており，施設内では心理職がアセスメントや心理療法を行っている場合もあります。

障害児（者）に関する機関や施設で働く心理職は，心理検査によるアセスメントをすることが多いと考えられますが，当事者やその家族へのカウンセリングマインドをもった相談援助，他の職種と協働した療育や社会訓練なども行っています。いわゆるオーソドックスな心理療法よりも障害児（者）の特性に合わせた対応が必要であり，福祉の視点からの要請に心理の立場を加味しながら応えていくことが重要です。

6.4 精神障害者・高齢者施設および機関

精神障害者や高齢者の施設に関しては，医療領域と密接な関係をもっています。メンタルヘルスの公的機関である**精神保健福祉センター**は，精神保健の向上および精神障害者の福祉の増進を図るための機関で，心理職も働いています。この中では多職種との連携が重要となっています。

一方，**高齢者施設**では，医療領域で認知症の心理的アセスメントや対応などにおいて心理職が活躍しています。しかし，心理職の必要性が指摘されていてもまだまだ配置は少なく，これからの広がりが期待されています。

6.5 まとめ

福祉領域における心理職の対応は，大きくは包括的なアセスメントと生活に根差した支援といえます。特に支援については，それぞれの機関や施設の役割に沿った利用者の方々のニーズから外れない，型にはまりすぎないものが必要で，生活臨床の心理学という発想と同僚の多職種の人たちとの有機的な連携が重要になってきます。また，この領域における心理職は，まだまだ児童中心といった印象が強いですが，今後は高齢者や障害児（者）を対象とした活躍も期待されます。

参 考 図 書

太田 信夫（監修）小畑 文也（編）（2017）．福祉心理学　北大路書房

太田 信夫（監修）高橋 美保・下山 晴彦（編）（2017）．臨床心理学　北大路書房

復 習 問 題

1. 福祉機関と施設における心理職の働き方の違いについて考えてみましょう。

第 III 部

医療と臨床心理学

第7章 医療における臨床心理学の役割

臨床心理学は，心理学の研究成果を基礎として，心理的に不適応な状態にある人を積極的に支援し，問題解決を図ることを実践していく学問です。本章では，医療の各領域（精神神経科・小児科・心療内科・緩和ケア）における臨床心理学の役割，さらにチーム医療における臨床心理学の役割について考えていきます。

7.1 精神神経科における臨床心理学の役割

医療における臨床心理学の活動領域は広がりつつありますが，歴史的にみると臨床心理学は精神神経科領域で発展してきており，今後もその領域での発展が期待されます。医療の場で働いている臨床心理士は，精神科病院が圧倒的に多く，心理検査と心理療法が主な業務になります。

7.1.1 精神神経科領域における心理査定

まず，精神神経科領域における心理査定（アセスメント）について，留意すべきことを述べていきます。特に依頼が多いのは，初診の診断の補助としての心理検査です。また，入退院をめぐる判断の補助として心理検査が求められることもあります。他の科と違って，精神神経科では医師が心理査定と同質の臨床診断を行うことが多く，臨床心理士は心理査定よりも心理検査を依頼されることが多くなります。しかし，心理検査のみからでは的確な査定をするのは難しく，面接や行動観察から得られる情報を総合的に判断して患者を理解することが大切です（馬場，1998）。

心理検査を行うにあたっては，患者の状態を考慮する必要があります。症状のレベルが重いときや心理的に不安定なときに心理検査を行うことは，患者に過剰な負担をかけるばかりでなく，心理検査の信頼性も低くなります。

精神神経科では，心理療法，グループワーク，デイケアなど，長期にわたって患者に関わることが多くなります。そのため，心理査定も初診時に実施するものから，その後の経過に沿って継続的に実施するものまであります。

7.1.2　精神神経科領域における心理療法

精神神経科領域における心理療法では，次のようなことに留意する必要があります。まず，大病院の精神神経科では，個人心理療法はあまり行われていません。それは，個人心理療法に適合するような患者が少なく，重症の患者や高齢者が多いということもありますし，大勢の患者と関わることが求められ，個人単位で関わるのが難しいということもあります。しかし，大病院の精神神経科でも思春期・青年期外来があるところでは，神経症や思春期境界例など個人心理療法に適した患者も来ることがあります。近年は，小規模の個人クリニックで個人心理療法が多く行われており，数人の臨床心理士で対応しています。

個人心理療法で気をつけるべきことは，一人の患者に多くのスタッフ（臨床心理士・医師・看護師・ケースワーカーなど）が関わるため，そういった構造をめぐる配慮が必要な点です。そのようなことを視野に入れて心理療法の経過を見守り，そのような関係性を取り入れていくことにより，患者についての理解はより豊かなものになります。心理療法を順調に進めるためには，患者がスタッフの協調関係の中に安定していられるような条件づくりが必要です（馬場，1998）。そのため，臨床心理士は周囲との調整役を務めなければなりません。精神神経科領域の心理療法では，患者が心理的に改善していても，それが日常行動に現れなかったり，かえって問題行動が増すこともあり，周囲からの理解を得るのが難しいこともあります。

入院治療の場合，患者の日常生活や対人関係に関する情報が多方面から入ってきます。患者の話のみではわからない情報が得られるというメリットもありますが，臨床心理士がたくさんの情報に振り回されて患者の気持ちに共感することができにくくなることもあります。臨床心理士がたくさんの情報を効果的に心理療法に生かすことが望まれます。また，心理療法の情報公開を他の医療スタッフから求められることもあります。心理療法の情報公開は原則としてできないことになっていますが，危機的状況では患者についての理解を求めるために，ある程度の説明は必要になることもあります。

集団心理療法を適用できる対象は，思春期・青年期の若年者グループや神経症グループです。集団心理療法の技法は，エンカウンター，交流分析などいろいろあります。しかし，集団心理療法を適用できる対象は，個人心理療法の場合と同じく，精神神経科では限られています。現在もっとも多く行われているのはデイケア，グループでのソーシャルスキルトレーニング（SST）です。言語による交流が困難なグループでは，遊戯，描画，手作業，音楽などを導入しながら，しだいに言語を増やしていく方法もあります。このように，心理療法の基本姿勢と基本技法を適切に用いることによって，重症患者にも改善の可能性を求めて対応を考えています（村部，1989）。

精神神経科病棟治療では，個人心理療法でも多くのスタッフが関わっています。さらに，デイケアなどのリハビリテーション活動も，治療やケアをチームで行うことになり，チーム・アプローチが必要になります。臨床心理士は，医療スタッフのパーソナリティや心理的状況に目を向け，連携がうまくいくように支援していくこと，そのために，広い視野と柔軟な対応をもって，治療環境の質を高めていくことが必要となります。

7.2 小児科における臨床心理学の役割

小児科という診療科は，とても特殊な領域です。0歳から17歳までという幅広い年齢を対象としており，乳幼児期，児童期，思春期，青年期にわたる多様な問題を取り扱わなくてはなりません。また，症状も多様で，小児がんなどの重症疾患，チック症などの精神神経疾患，伝染性の感染症などの急性疾患，ネフローゼなどの慢性疾患と幅広い対応が必要となります。小児科における臨床心理学の役割は，これらの多様な問題や症状について心の相談を行い，それ

表 7.1 **小児科における心理テスト・バッテリー**（杉村，2004 を一部改変）

(A) 知能・発達検査

①田中・ビネー式知能検査，②鈴木・ビネー式知能検査，③大脇式知能検査，④ WIPPSI 知能診断検査，⑤ WISC 知能診断検査，⑥ K 式発達検査，⑦ MCC 乳幼児精神発達検査，⑧津守式乳幼児精神発達検査，⑨遠城寺式発達検査，⑩幼児総合精神検査，⑪簡易精神発達検査，⑫山下式幼児発達検査，⑬ことばのテスト絵本　など

(B) 心理査定検査

(1) 質問紙法人格診断検査：① TS 式幼児・児童性格診断検査，②社会成熟度診断検査，③ YG 性格検査，④ GAT 不安傾向診断検査，⑤ CMI 健康調査法，⑥ MMPI　など

(2) 投映法心理査定検査：①バウムテスト，② HTP テスト，③ P-F スタディ，④ロールシャッハテスト，⑤ SCT 文章完成法テスト，⑥ CAT 絵画統覚検査法　など

(C) 環境検査

① TK 式診断的新親子関係検査，② FMCI 親子関係診断検査，③ EICA 親子関係診断尺度，④家庭環境診断検査，⑤ CCP　など

に対する必要な支援を行うこと，そして，支援に必要な他科や社会的なサポートシステムとの連携を図ることです。

7.2.1 小児科領域における心理査定

小児科において心理行動上の問題とされるのは，神経症レベルの不安や習癖などが中心になっていますが，子どもを対象とする病院臨床の中で心理査定が求められるのは発達障害に関連するものが多く，実際に用いられる心理検査も発達検査や知能検査が大部分を占めています（表 7.1）。

発達障害，注意欠陥多動性障害などが疑われる場合に，診断の信頼性を高める目的で行われる発達検査や知能検査といった心理査定では，どのような主訴による相談でも，子どもの発達段階を知ることが子どもを理解する第一の手がかりとなります。

7.2.2 小児科領域における心理療法

子どもの場合には特に，心の問題が身体の問題として現れやすいこと，さらには，関係性の発達とその障害の問題が深刻化しているという現実を前に，こ

れまで以上に心理的な問題への対応を小児科領域の中に含めて考えていく必要があります（田中，1998）。

発達障害をもった子どもは，その障害ゆえに，自己の情緒や行動を調整して社会に適応していくことが困難です。そのために家庭や学校場面などで不適応を起こしやすくなります。不適応的なサインが現れた場合には，遊戯療法（プレイセラピー）などによる心理療法を行います。また，必要に応じて親に対するカウンセリングや家族療法的な関わりも取り入れます。

子どもの心理療法では，**遊戯療法**がよく用いられています。それは，子どもが言葉による表現が少ないから，あるいは内省力が大人に比べて乏しいからというだけではありません。子どもは言葉になる以前の非言語の世界，すなわち，イメージの世界を豊かにもち，その中で生きています。子どもの心の様相は，こよなく遊びの中に現れます。プレイルームという守られた空間の中で，治療者との関わりを通して表現される子どもの内的な世界を治療者が読みとり，理解しようとする関わりが展開されます。遊ぶことそのものがもつ機能と，治療者との関係性によって，子どもの心の中にある自然治癒力が活性化し，心理的な問題が解決していくのです。

また，**家族療法**は最近注目されている治療技法の一つです。これは，環境調整を含めた家族全体を対象とした心理療法的アプローチです。心身症状をもつ子どもの中には家族関係に何らかの病理現象がみられる場合があります。たとえば，夫婦関係の不安定さ，母子の共生的依存関係，父親の存在感の希薄さなどの家族関係の中で育った子どもは，未熟でいつまでも自立できず，欲求不満耐性レベルが低く，社会生活の中では心身の病的現象を呈しやすくなります。そこで，このような家族に対して，家族全体で十分話し合える場面を設定し，コミュニケーションをよくし，家族がお互いに自然な感情を吐露し，心身症をもつ子どもの問題や家族の病的な問題を考え合うようにします。その過程で家族内の力動関係を調整し，家族の平衡状態を保つことによって，心身症をもつ子どもの症状の軽減をねらいます（伊東，1996）。

近年，多発するいじめや不登校など，今日の子どもをめぐる心理・社会的状況は複雑になってきています。育児に自信をもてない親とその子どもたちも増えてきています。このような中で小児科における心理療法的アプローチの必要性はますます高まってくると思われます。そこで，臨床心理士は医師と協力し相補い合いながら，子どもとその家族に対応していくために，自己研鑽し臨床力を身につけていくことが大切になります（図 7.1）。

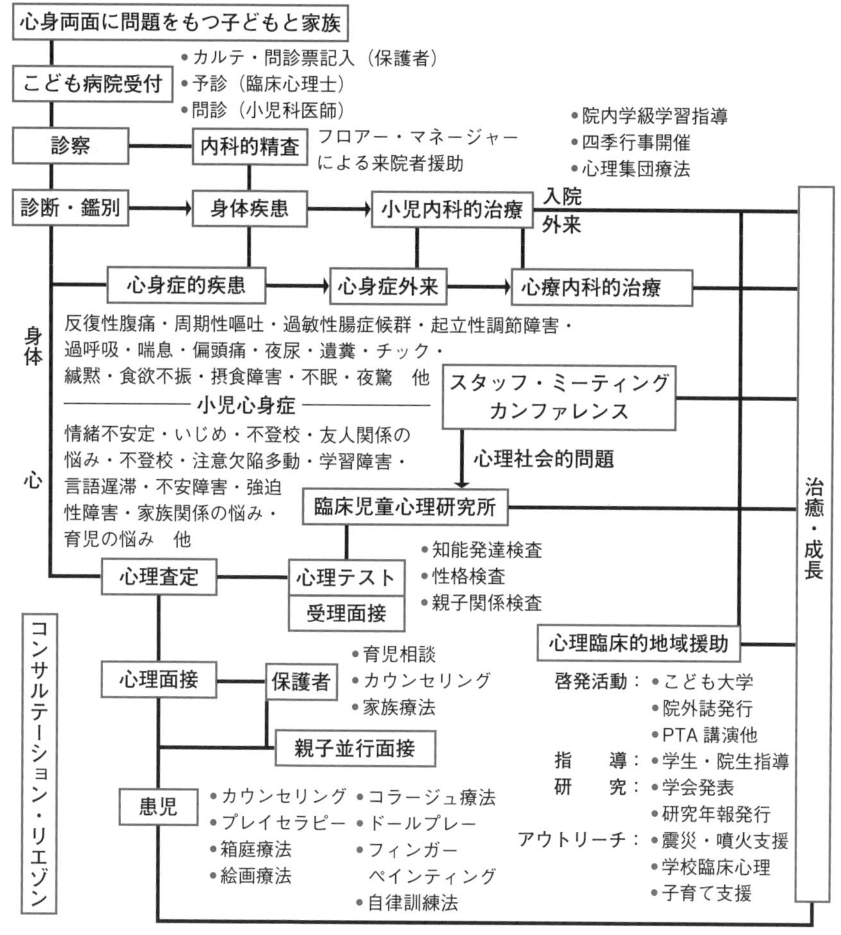

図 7.1　**小児科におけるホリスティック・ケア**（杉村，2004）

7.3 心療内科における臨床心理学の役割

近年，心療内科を標榜する病院が増えてきています。心療内科における患者は，基本的には身体的訴えをもって受診します。しかし，その病気の原因なり経過において，心理的・社会的要因が大きく関与しているという特徴をもちます（表7.2）。

心理療法的アプローチは，医師や看護師との適切なチームワークによって有効に機能します。診断の段階において，心理面接・心理検査などを通して重要な情報を提供し，薬物を中心とした医学的対応と適切にマッチした心理療法的アプローチを実施していく必要があります。さらに，身体的訴えが軽快しても，患者の再発予防のための対応と日常生活環境の変容も考えていく必要があります。

7.3.1 心療内科領域における心理査定

心療内科においては，心理検査・心理面接・行動観察などの臨床心理学的技法や手法を用いて，患者の症状の発症・持続・悪化に関与していると思われる心理・社会的要因について検討します。そして，それに基づき，症状の改善に必要と思われる心理・社会的側面からの援助実践，すなわち家族や職場などの環境調整，患者に対するストレスへの対処法の指導や，生活習慣・行動パターン・対人関係のあり方などの修正についての心理教育，またはカウンセリングなどを含む心理療法を実施します。

患者の症状の発症・持続・悪化に関与していると思われる心理・社会的要因の検討については，初期の心理査定段階だけでなく，治療過程の中でも繰返し行う必要があります。なぜなら，治療過程で初めて明らかになるような要因も

表7.2　**心身症の定義**（日本心身医学会，1991）

心身症とは身体疾患のなかで，その発症や経過に心理社会的因子が密接に関与し，器質的ないし機能的障害が認められる病態をいう。ただし神経症やうつ病など，他の精神障害にともなう身体症状は除外する。

あれば，治療経過に伴って，それらの要因が変化したりすることもしばしばあるからです。なお，これらは，医師・ケースワーカー・看護師などの医療スタッフの中で有機的な連携体制を組みながら行われる必要があります。

7.3.2　心療内科領域における心理療法

心理療法に関しては，事例によってそれぞれに対応したアプローチが必要となります。なぜなら，心身症といってもさまざまな疾患や症状があるからです。そして，それらの心理的な背景にしても，それが主として家族病理にあるもの，あるいは，生活習慣にあるもの，ストレス対処能力にあるもの，さらに症状が慢性化し習慣化したものなどでは，最初の心因とは別の持続因子が作用しているなど，実にその病態のありようはさまざまです。それだけに，ある1つの技法なり理論のみで対応しようとすると無理があります。

また，臨床心理学的な知識のみでなく，代表的な心身症についての医学的な知識，一般的な心身相関に関する医学的知識，それに各心身症ではどのような形で心理・社会的要因が関与しやすいのかといった知識も必要になります。

さらには，臨床心理士であっても，治療において用いられる主な薬の病理作用についての知識もある程度もっている必要もあります。このことが，臨床心理士が医師と同じ土俵の上で話し合うための条件ともなります。

7.4　緩和ケアにおける臨床心理学の役割

緩和ケアの代表例は，がんへの対処です。緩和ケアの患者に対しては，身体的な痛みを改善することがまず第一です。身体的な痛みのコントロールが可能になると，次に，精神的な痛み・社会的な痛み・スピリチュアルな痛みのコントロールが課題となります。身体的な痛みのコントロールが可能になって初めて，緩和ケアのカウンセリングは深まっていきます。人生の終末期における悩みは深いものとなります。その深い悩みを話すことで，人は自分の人生をより味わいのあるものにしていくことができます。終末期のカウンセリングは，なくてはならないものと考えられます。うつ状態になって，なかなか言葉で気持ちを表現できない人へは，傍らに寄り添うような接し方をします。死にゆく人は，自分のこと，家族のこと，職場のことなど多くの悩みが生じてくるので，臨床心理士は精神的な問題だけでなく，あらゆる問題に耳を傾けることになります。それらの問題の中で解決できるものを解決していくためにも，ソーシャルワーカーと連携する必要があります。平川（2004）は，終末期のカウンセリングを考えるときは，伝統的なカウンセリングからの発想の転換が必要なことを示唆しています。

積極的な治療よりも痛みのコントロールを中心にして，人生の最期が患者本人はもとより家族も納得するものであるために，ケアを重視し，生活の質（Quality of Life; QOL）を高めるための方策を考える必要があります。コミュニティのあらゆる資源を総動員して臨むという点で，緩和ケアは，これからの医療のモデルになっていくと思われます（平川，2004）。

7.5 チーム医療における臨床心理学の役割

日本における心理職の国家資格化の動きは，すでに1960年代にスタートしていました。しかし，心理職内部の意見対立や医療関係者との意見の相違などにより長年実現できませんでした。そのような中で2017年9月に**公認心理師法**が施行され，心理職の国家資格化が実現しました。

50年以上の長期にわたって成し遂げられなかった心理職の国家資格化が実現したのは，保健医療領域をはじめとするメンタルヘルス関連の諸領域において，心理職を含めた多職種協働のチーム活動が強く求められるようになったからです（下山，2017）。公認心理師法第42条に「公認心理師は，その業務を行うに当たっては，その担当する者に対し，保健医療，福祉，教育等が密接な連携の下で総合的かつ適切に提供されるよう，これらを提供する者その他の関係者等と連携を保たなければならない」と記載されています。汎用資格である公認心理師は，単に保健医療といった単一領域内での連携だけでなく，複数領域を含めた連携が求められています。

従来，心理職を代表するものとして民間資格である臨床心理士があります。

臨床心理士は，汎用資格として保健医療領域以外も含めて多面的に活動してきています。公認心理師も，汎用資格という点で臨床心理士の職域を引き継ぐものとなっています。心理職は，汎用性という点で医療チーム内で協働する他職とは異なる多面性を備えています。そのため，心理学，臨床心理学，医学などの知識および心理に関する技術を身につけ，さまざまな職種とも協働しながら心理支援をしていくことが必要とされます。

参考図書

高木 俊一郎（編著）（1996）．教育臨床序説――総合人間学的アプローチへの挑戦――　金子書房

山中 康弘・馬場 禮子（編）（1998）．病院の心理臨床　金子書房

小林 重雄（監修）小林 重雄・古賀 靖之（編著）（2004）．医療臨床心理学　コレール社

大塚 義孝（編）（2004）．病院臨床心理学　誠信書房

大石 史博・西川 隆蔵・中村 義行（編）（2005）．発達臨床心理学ハンドブック　ナカニシヤ出版

忠井 俊明（編著）（2008）．医療心理学　星和書店

鈴木 伸一（編著）（2008）．医療心理学の新展開――チーム医療に活かす心理学の最前線――　北大路書房

復習問題

1. 精神神経科と小児科における心理査定の相違点について説明してください。
2. 子どもの心理療法における遊戯療法と家族療法について説明してください。
3. 緩和ケアにおけるカウンセリングの特徴について説明してください。

コラム 7.1 公認心理師への期待

公認心理師が国家資格として認定されたということは，多くの心理専門職にとって有益と考えられています。現在，公認心理師の資格取得のためのカリキュラムが示されていますが，これまで以上に医学的な知見が職能として要求されています。医学的な知見，すなわち精神神経科，心療内科，小児科などの医療現場の知見が必要とされているのは，公認心理師がこれまで以上に高度な社会性をもちコミュニケーションをとりながら，チーム医療の担い手となることを期待されているからだと考えられます。

日本の医療現場の医師を中心とした医療体制の中で，公認心理師が適切に関与できるためには，医学領域の専門用語や考え方を基礎としてもっていることが必要となります。これまでの臨床心理士の中では，チーム医療との関わりがそれほど積極的に行われていなかったように思われます。臨床心理士は心理検査と心理療法を主に行い，面接室にずっと座って仕事をしているというイメージがありました。それは，個々の臨床心理士が十分な医学的知識をもたずに医療現場で活動しようとし，他職種と医学的知識を活用したコミュニケーションができないため，結果的に医療チームとの関わりがうまくいっていなかったとも考えられます。

しかし，今や保健医療領域に関わるどの職種も，さまざまな医療現場で多重の役割を担うことが求められています。この変化は，医療が患者の苦しみを包括的にとらえ，多方面からアプローチを重ねることの必要性が広く認識されるようになったことに由来しています。すでにどの職種でも，特定の業種との結びつきが弱まり，職場の状況に応じて柔軟に役割を分担することが当たり前になっているのです。その意味でも，公認心理師はしっかりとした医学的知識を身につけ，高度なコミュニケーション能力と社会性をもち，チーム医療の中で活躍することが期待されています。公認心理師という新たな国家資格が成立した以上，公認心理師が高度な専門性をもつ存在であることを明示していくためにも，チーム医療の一翼を担う存在として社会に知られるようになることが重要となります。

第8章 病院における心理臨床の方法

病院における心理査定とは，患者について，抱えている問題の内容は何か，その問題には身体的要因，環境的要因，性格的要因がどのように組み合わさっているのか，それによって患者が心理的・身体的にどのような影響を受け，どのように対応していくべきかを提示することです。この心理査定のために，査定面接・生活史面接・心理検査などが行われ，また医師・家族などから情報を得ます。特に，病院臨床の場合には，医学的診断も心理査定のための重要な情報となります。つまり，心理査定は医学的診断と心理療法をつなぐものと考えることができます。

臨床心理士が病院で活動し始めた頃は，心理査定を求められるのは主に精神神経科においてであり，他科の患者も心理的な問題があると考えられる場合は，精神神経科に委託される場合が多くありました。しかし，現在では小児科，心療内科などにも臨床心理士が専属され，心理査定の必要性が認められるようになりました。

どのような場でも，どのような対象でも，心理査定の本質は変わりませんが，本章では病院における各科の状況を考慮しながら，病院における心理査定の知識と方法について説明していきます。

8.1 病院における心理査定に必要な基本的知識

病院における心理査定の具体的な方法について考える前に，心理査定にとって必要な基本的知識について説明します。

8.1.1　発達に関する知識

人間の成長についての一般的な発達経過について理解しておくことは，患者がどのような時点で，どのような課題につまずいているのか，どこまでは順調に発達してきたのかなどを知る手がかりを与えてくれます。

乳幼児期から高齢期に至るまでの発達経過と課題については，発達心理学が多くの知見を見出しています（表 8.1）。

特に乳幼児期については，言語の発達，認知の発達，対人関係の発達，道徳観の発達など，それぞれの発達について研究が行われています（表 8.2）。

さらに，乳幼児の直接観察研究が盛んになって以来，スピッツ（Spitz, R. A.），ボウルビィ（Bowlby, J.），マーラーら（Mahler et al., 1975），などが臨床に役立つ多くの知識を提供していますし，それが児童精神医学へと発展して現在も盛んに研究が続けられています。たとえば，児童や青年の生育歴について聞く場合，人見知りの意味（スピッツの 8 カ月不安），友人をもつことの意味（対象恒常性），児童期，思春期を健康に過ごせることの意義，高齢期に特有の心理などについての知識があれば，患者が話す内容の意味を発達的に理解することができます。

表 8.1　**ピアジェの発達段階**（谷川，1996）

感覚─運動期（0〜2 歳）	感覚と運動とのあいだの関係の発見に忙殺される。物を把握するために自分の手はどのように働くか，テーブルの端にある皿を押すとどんなことが起こるか，などについて知るようになる。
前操作期（2〜6 歳）	表象が発生し，象徴的な行動が発達してくる。〈意味するもの〉と〈意味されるもの〉の関係が生まれ，言語が思考に介入し始める。概念化が進み，推理も生じるが，なお知覚に支配されていて直観的である。
具体的操作期（6〜11 歳）	具体的に理解できるものは，理論的操作を使って思考する。たとえば，高さや重さで物を系列化することはできる。また，以前のように知覚に惑わされることも少なくなる。しかし具体的な対象を離れると論理的に思考することができない。
形式的操作期（11 歳〜成人）	命題に対して論理的操作を加える。結果が実現と矛盾してもかまわない。典型的なものとしては，科学における仮説検証のための演繹的手続きがある。

表 8.2　**心理社会的発達の全段階**（谷川，1996）

段階	心理的社会的危機	好ましい結果	好ましくない結果
0 歳	信頼 対 不信	環境および将来の出来ごとに対する信頼	将来の出来ごとに対する疑惑と不安
1 歳	自律 対 疑惑	自己統制感と満足感	恥と自己嫌疑の感情
2〜4 歳	自主性 対 罪悪感	自発的に行為する能力	罪悪感と自己に対する不満感
5 歳から思春期へ	勤勉性 対 劣等感	どのように事が運ぶか，どのように理解するか，どのように組織化するかを学習する能力	理解と組織化のさいに生じる劣等感
青年期	自己同一性 対 同一性拡散	自己をユニークな，統合された人間とみる	自分が実際だれなのか，どんな人間か，ということについて混乱が生じる
成人初期	親密 対 孤立	他者とかかわりあい，他者を愛する能力	愛情関係を形成することの不能
成人中期	生産性 対 自己陶酔	家族および社会一般に関心をもつ	自分のこと—自分の幸福と繁栄—だけに関心をもつ
高齢期	統合性 対 絶望	完成感と満足感。進んで死に直面する	生活への不満感。死を予想することによる絶望

8.1.2　家庭環境と人格形成に関する知識

どのような理論や観点に立つとしても，人格形成にとって家庭環境が大きな影響力をもつことは明らかです。個人の自己観，自己価値の基礎となり，対人関係の基本を形成するのは家族関係です。家族の相互関係，家族のおかれている状況などから，その患者がどのような家族力動の影響を受けているかを推測することができます。しかし，家族の問題が必ず発症につながるということではありません。明らかに問題のある家族の中で成長しながら，特に問題を生じない人もたくさんいます。また，来談当初の査定面接では生育歴や家庭環境から問題を見出せない患者もいます。そのような患者の多くは，その後の面接過程で家庭環境の問題が明らかになってくる場合もあります。このようなことから，家庭環境を考慮に入れて患者の抱える問題を見直してみる意義はあり，それによって問題の特殊性を理解する重要な手がかりを得ることができます（馬場，1998）。

8.1.3 精神医学と診断基準に関する知識

病院において臨床心理士に紹介されてくる患者の多くは，何らかの意味で精神医学と関連のある患者です。この意味で臨床心理士は精神医学に関する知識をもっていなければなりません。総合的な観点から患者を理解する一方で，患者が訴える症状は精神医学的にはどの領域に属するものなのかを考えることができなければ，病院における的確な心理査定はできません。たとえば，臨床症状として明らかな妄想症状がある場合，心理検査に精神病を裏づける所見が見出されなかったとしても，精神医学的には精神病を疑えるということになります。心理検査の所見のみを報告して事足れりとする査定では，臨床の実際には役立ちません。心理査定に基づいて対応の方法を検討する場合，医学的にはどのような治療方法があるかを理解した上で，心理療法的な関わりとどのように両立させるかを考えていく必要があります。精神医学の診断基準は，アメリカ精神医学会による DSM-Ⅳ（表 8.3），DSM-5（表 8.4）がありますので，これによる診断基準をよく理解しておくことも必要です。

表 8.3　**DSM-Ⅳの診断基準**（アメリカ精神医学会，1994）

A. その人の属する文化から期待されるものより著しく偏った，内的体験および行動の持続的様式，この様式は以下の領域の２つ（またはそれ以上）の領域に表れる。
  (1) 認知（つまり，自己，他者，および出来事を知覚し解釈する仕方）。
  (2) 感情性（つまり，情動反応の範囲，強さ，不安定性，および適切さ）。
  (3) 対人関係機能。
  (4) 衝動の抑制。

B. その持続的様式は柔軟性がなく，個人的および社会的状況の幅広い範囲に広がっている。

C. その持続的様式が，臨床的に著しい苦痛または，社会的，職業的，または他の重要な領域における機能の障害を引き起こしている。

D. その様式は安定し，長期間続いており，その始まりは少なくとも青年期または小児期早期にまでさかのぼることができる。

E. その持続的様式は，他の精神疾患の現れ，またはその結果ではうまく説明されない。

F. その持続的様式は，物質（例：乱用薬物，投薬）または一般身体疾患（例：頭部外傷）の直接的な生理学的作用によるものではない。

表 8.4　**DSM-5 の診断基準**（アメリカ精神医学会，2013）

A. 他者の注視を浴びる可能性のある 1 つ以上の社交場面に対する，著しい恐怖または不安。例として，社交的なやりとり（例：雑談すること，よく知らない人に会うこと），見られること（例：食べたり飲んだりすること），他者の前でなんらかの動作をすること（例：談話をすること）が含まれる。
注：子どもの場合，その不安は成人との交流だけでなく，仲間達との状況でも起きるものでなければならない。
B. その人は，ある振る舞いをするか，または不安症状を見せることが，否定的な評価を受けることになると恐れている（すなわち，恥をかいたり恥ずかしい思いをするだろう，拒絶されたり，他者の迷惑になるだろう）。
C. その社交的状況はほとんど常に恐怖または不安を誘発する。
注：子どもの場合，泣く，かんしゃく，凍りつく，まといつく，縮みあがる，または，社交的状況で話せないという形で，その恐怖または不安が表現されることがある。
D. その社交的状況は回避され，または，強い恐怖または不安を感じながら耐え忍ばれる。
E. その恐怖または不安は，その社交的状況がもたらす現実の危険や，その社会文化的背景に釣り合わない。
F. その恐怖，不安，または回避は持続的であり，典型的には 6 カ月以上続く。
G. その恐怖，不安，または回避は，臨床的に意味のある苦痛，または社会的，職業的，または他の重要な領域における機能の障害を引き起こしている。
H. その恐怖，不安，または回避は，物質（例：乱用薬物，医薬品）または他の医学的疾患の生理学的作用によるものではない。
I. その恐怖，不安，または回避は，パニック症，醜形恐怖症，自閉スペクトラム症といった他の精神疾患の症状では，うまく説明されない。
J. 他の医学的疾患（例：パーキンソン病，肥満，熱傷や負傷による醜形）が存在している場合，その恐怖，不安，または回避は，明らかに医学的疾患とは無関係または過剰である。

▶該当すれば特定せよ
パフォーマンス限局型：その恐怖が公衆の面前で話したり動作をしたりすることに限定されている場合

また，小児科，心療内科などでも，それぞれの科に関連する症状についての基本的知識は必要です。症状をもつ患者の心理療法を依頼され，そのための心理査定を行う場合，その症状に関する知識，薬物などによる心理的影響について知り，これを考慮に入れて査定しなければなりません。どの科においても，薬物やそれに関わる医学的治療と心理療法は密接な関係にあります。しかし，医学的知識を完全に理解することは難しいので，必要に応じて医師の指導を受けながら医学的知識を増やしていくことも大切です。

8.1.4　行動特徴と内的力動に関する知識

患者の行動特徴は，病棟内でも観察され，査定面接中にもみることができます。これらは，患者について知る上で非常に役立つ情報を伝えてくれます。行動そのものが，患者の不適応のありようを伝えることもありますし，緊張・不安・強迫性などの症状を示すこともあります。さらに，行動は患者の自己表現の仕方，対人関係のあり方を示してくれます。

このような行動の背景には，内面的な精神力動が働いており，表面的な行動は内的力動の反映として理解できます。たとえば，入院したばかりの患者が「病院に来て大切なものをなくしたが見つからない」と話すときに，それは具体的な物をなくしたということではなく，入院に伴う喪失体験を伝えているということも考えられます。そのような理解をするためには，精神力動的な知識が必要になります。

8.2　病院における心理査定に必要な基本的態度

病院における心理査定の具体的な方法として，査定面接や心理検査での基本的な態度について説明します。

8.2.1　聴く態度

査定面接でも心理検査でも，患者に安心感を与え自由に話せる相手として患者の言葉に耳を傾けることが必要です。すなわち，患者の存在を全面的に肯定し尊重して接すること，患者の言葉を共感的に理解する姿勢が前提となります。このような臨床心理士の態度が，患者との信頼関係を増し，患者の治療への動機づけを高めることにつながります。しかし，心理査定は，傾聴するだけでは査定の目的が果たせないばかりでなく，患者を焦点の定まらない不安な状態におくことになります。話すことの意義や目的がわかり，話す場が守られた設定であることが理解できてこそ，安心して話せるのです。

まず，患者に来談動機や問題の内容について問いかけ，それについて語られる内容によって，患者から多くの情報が得られます。その後もなるべく話の流れに従い，査定のために必要なことは一通り尋ねていく必要があります。そして，患者も尋ねられることを通して自分の問題への気づきを深め，自分の問題により積極的に関われるようになっていきます。

査定面接は治療面接とは異なり，基本的な聴く態度は同じであっても，患者を冷静に観察し，患者の人格的特徴や心的内容を理解し，問題の背景にある内的力動を洞察し，正確な見立てに役立てていくことを必要としています。

8.2.2 動機づけ

査定面接が守秘義務を守って行われる面接であることがわかると，患者は話すことに動機づけられます。そのため，心理査定の目的を患者にはっきりと告げておく必要があります。特に病院における心理査定の場合，患者が心理査定を希望しているのではなく，医師から依頼されるという状況が少なくありません。医師の説明が不十分であったり，説明されても納得していない患者がいるので，そのような場合にはあらためて心理査定の目的を説明して了解を得なければなりません。

心身症では，自分は身体の病気であって，心の病気ではないと考え，心理査定を拒否する患者もいます。このような場合，心身症には心身共に関わりがあることが多いので，それをはっきりさせるために査定面接を行うことを勧めることにより，納得して面接に応じる患者もいます。

査定面接が1回で終わらない場合もあるので，そのときはもう一度，この目的のために面接を行うことを伝え，その間に心理検査を行う場合も，そのことを患者に伝えて了解を得ます。このように，患者が納得し安心して査定面接を受けることができるようにすることで，心理査定を軌道に乗せることができます。

8.2.3 査定面接

丁寧に生活史を聴取することは時間がかかりますし，心理療法に導入するのでなければ，必ずしも必要ではありません。また，患者に自分のことを知ってほしいという動機づけが乏しかったり，治療者を信頼できなければ，聞かれることを拒む気持ちもあります。詳しい生活史を聞くことは，患者が心理療法面接に入ることに合意した後にして，査定の段階では患者が自発的に話す範囲内にとどめるようにします。**査定面接**で知りたい内容は次のようなことです。

1. 問題意識

患者がどのようなことを問題にしているのか，またその問題がどのような心理的意味をもっているのかを知ることです。患者が「学校へ行く時間になると，お腹が痛い」と訴える場合，お腹が痛くなることにどのような心理的意味があるのかを考えます。患者が語る家庭や学校の状況，生育歴，本人の性格などから，その背景にある内的力動を洞察します。そうすることにより，問題そのものの重大さの程度が理解できるばかりでなく，患者の不適切な対処の仕方と患者への援助の仕方が理解できます。

2. 問題の経緯

いつ頃から，どのようにしてその問題が生じ，どのように展開してきたのかを聞くことで，多くの心理的内容を把握することができます。患者が問題を自覚した時期や状況を知ることにより，患者独自の意味を理解する手がかりになります。契機となる出来事は，患者の進学・就職・転居などの転機，死亡・出生などの家庭環境の変化などが考えられます。また，医療機関や相談機関などで何らかの援助を受けているか，その効果はどうであったかなどを聞くことにより，患者の問題への関わり方などを知ることができます。

3. 生活態度や家族関係

現在，患者がどのような生活をしているのか，学校や仕事に対してどのように関わっているのかを聞くことにより，患者の自己調整力や適応力のあり方を理解することができます。また，学校での友達関係，職場での対人関係について聞くことにより，対人的距離のとり方や対人的態度を理解することができます。また，家族関係について聞くことで個人の抱えている問題を見直してみることにより，問題の特殊性を理解する重要な手がかりを得ることができます。

4. 非言語的情報

語られる内容ばかりでなく，態度・振る舞い・話し方・服装など表面に表れている特徴も重要な情報源です。服装にはその人の生活状況や文化，好み，自己像などが反映されます。あいさつや自己紹介ができないのは，社会性が身についていないか，現在失われていることを示します。態度や口調からは，不安・緊張・興奮・抑うつなどの感情が示されます。また，話している患者全体から伝わってくるものも多くの情報となります。

8.2.4　心理検査

心理検査はパーソナリティの属性に関わる査定です。その内容は，面接では得ることができない詳細な深みのある情報です。したがって，パーソナリティに関する詳しい情報が必要な場合に，心理検査を査定に加えることは十分意義があります。心理検査の中で投映法を査定に役立てるためには，訓練や研修を積まなければなりません。ここでは，心理検査を実践するための留意点について述べていきます。

1. 動機づけ

患者への動機づけは，心理検査を実施するとき特に重要になります。検査されるということは，患者にとって不安や警戒心を引き起こします。査定面接の中で心理検査が必要と判断された場合は，その説明をして患者の了解を得ることが大切です。また，患者のほうに疑問があれば，それに答えることも必要です。検査結果については，成人の場合は本人のみに伝え，第三者には本人の了解がない限り伝えないことを説明し，個人情報が守られていることを納得させます。このような説明をしても納得できない患者には，とりあえず心理検査は中止します。

2. 検査における信頼関係

患者と治療者の信頼関係は，心理検査における投映法の場合，検査への反応性そのものを左右する要因になります。患者と治療者の関係性に配慮しつつ，心理検査を実施するか否かを決めなければいけないという点も，医学的検査とは異なる心理検査の特徴です。

特に，心理検査における質問紙法のように意図的操作が可能な検査では，実際以上に状態を悪くみせることもありますし，不本意に心理検査を導入された場合には実際以上に自己防衛を強めたり，健全であることを示そうとすることもあります。このような患者の意図も含めて，総合的に患者を査定していくことが大切です。

3. テスト・バッテリー

テスト・バッテリーとは，心理検査を行うに際して，人間の総合的理解のためにいくつかの検査を一緒に施行すること，またその組み合わせ方のことです。心理検査には性格検査，知能検査などがあり，多種多様です。目的に合った検査を施行すれば，把握したい側面の情報はある程度は得られます。しかし，多面的な人間の心理を把握するのに，1つの限られた検査内容だけでは限界が生じるものです。つまり，それぞれの心理検査の効用と限界を臨床心理士はよく理解した上で，その効用を生かして限界を補うように，いくつかのテストを組み合わせる必要があります。

投映法は，多様であいまいな刺激を呈示されたときにどのように反応するかによってその人のパーソナリティ特性を把握する方法です。また，質問紙法は，質問に対して「はい，いいえ」などで回答した結果からパーソナリティを把握する方法です。質問紙法と投映法では，明らかにしようとしている心理的水準が異なると考えられています（図 8.1）。

すなわち，質問紙法はより意識的レベルに関係しており，防衛的努力を反映

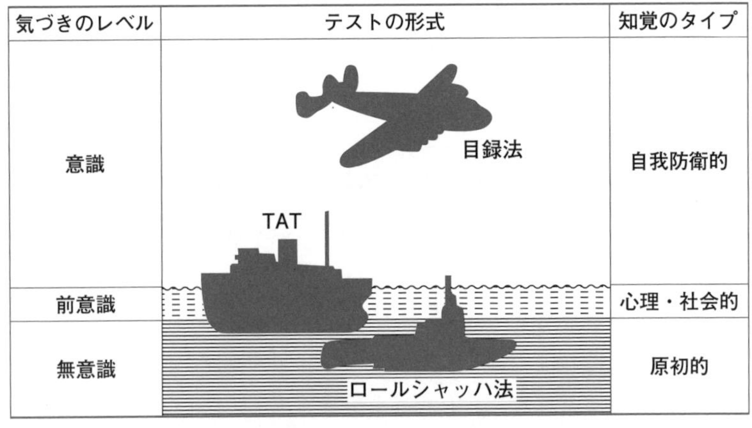

図 8.1　**意識水準と心理検査の関係**（Shneidman, 1953）

表 8.5　**心理検査と意識水準**（小笠原，2003 を一部改変）

意識	Y-G，MMPI，CMI，エゴグラム，MAS，SDS
前意識	SCT，P-F スタディ
無意識	ロールシャッハ法，TAT（CAT），描画法

表 8.6　**投映法における刺激と反応形態**（小笠原，2003）

	刺激（入力）の形態	**反応（出力）の形態**
ロールシャッハ法	あいまいな視覚刺激	音韻言語（話し言葉）
SCT	表記言語	表記言語（書き言葉）
バウム・テスト	音韻言語による教示	描画

しやすいとされています。それに対して投映法はより無意識レベルに関係していて，より深層の一次過程を表していると考えられています。**表 8.5** は各意識水準に対応する主な心理テストを示しています。

パーソナリティ検査の場合，一般的に質問紙法と投映法とを組み合わせることが多いです。投映法についてはロールシャッハ法の使用頻度が高く，テスト・バッテリーの中心となっています。ロールシャッハ法から得られる情報はパーソナリティの多面的な理解に優れていますが，それだけに実施や解釈には熟練を要します。投映法の選択については，刺激と反応の形態から選択する視点もあります。

表 8.6 に示されているように，投映法ではその刺激と反応の形態においてモードが異なっています。たとえば，言語的に表出困難である患者がバウムテストからは多くの情報を得ることができたり，あるいは，治療過程の心理査定において，ロールシャッハ法では変化がみられてもバウムテストは変化していないこともあります。実際には，パーソナリティの理解を目的とする場合には，投映法として深層心理の理解にロールシャッハ法，自己像や対人関係の理解のために SCT，そしてバウムテストによって全体像を臨床的に把握するという組合せが多いです。また，テスト・バッテリーを組むにあたって，患者の心理的負担を考慮する必要もあります。

8.3 病院の各科における心理査定

ここでは，身体症状をもつ患者の診療科での心理査定と，小児科での子どもの心理査定について説明します。

8.3.1 身体症状に関する診療科での心理査定

診療科によって心理査定に対する認識や位置づけは，かなり違っているように思われます。現在ではどの科でも心理臨床の仕事への理解は少しずつ増していますが，その程度はさまざまであり，多くの臨床心理士は周囲に自分の役割を説明したり，アピールしたりしながら働いています。また，婦人科，整形外科など心理的問題が多く関わると思われる診療科で，臨床心理士への要請が少ないのも現状です。

内科やその他の身体疾患に関する診療科では，臨床心理士は精神的問題に関する専門家とみなされ，精神医学的診断まで期待される傾向があります。臨床心理士として，ある程度の見解を示すことはできますが，あくまで心理査定としての観点を維持し限界を超えないようにすることも必要です。一方，身体症状をもつ患者は，心理的問題についての自己理解や認識が乏しいという関わりにくさがあります。心理査定のプロセスでは，患者の「心理的な問題を認めたくない」という気持ちを受容しながら行わなくてはなりません。

また，がんなど死に直面している患者の臨床では，心理査定の方法は危機介入の技法と重なり合います。つまり，心理療法的な関わりを伴いながら，心理査定をすることになります。そこでの心理査定は，悪化していく病状と死への心理的反応がどのようであるのか，また患者を支える環境的状況はどのようであるのかに焦点をあてながら，患者の心的状況やその経緯などは心理療法的介入の中で理解していくことが必要になります（馬場，1998）。

8.3.2 子どもの心理査定

対象となるのは，主として小児科で扱われる患児です。神経症や心身症の子ども，虚弱体質や慢性疾患の子どもは，健康な子どもにない重荷を背負って成長しなければならないところから，いろいろな問題が生じることがあります。また，親も子どもが身体症状をもっているがゆえに過保護になりやすく，過剰な不安を子どもに与えたりしがちです。子どもは心の問題への自覚が乏しいこと，親は子どもの心の問題ではなく，あくまで身体の疾患としてとらえたい気持ちが強いことなどで，小児科での臨床心理士の対応の難しさがあります。

子どもの心理査定は，大人の心理査定と同様，子どもにその意味を説明して動機づけを高めることが必要です。子どものほうが大人より何をされるのかという不安は強いので，子どもに理解できる言葉で説明し，不安を軽減することによって協力を求めることが大切です。子どもに向かって真剣に話そうとする臨床心理士の態度は，それだけで信頼関係が強められます。そして，このような話し合いの中で，子どもの対人関係，理解力，表現力など，心理査定の情報が多く示されます。

乳幼児の場合は，母親と共に遊戯室に入り，乳幼児の遊び方，母親との関わり方，治療者との関わり方を観察します。非言語的交流が中心であるだけに，知識と経験が特に要請される領域です（Call et al., 1983）。

医師から依頼される子どもの心理検査というと，知能検査が圧倒的に多いようです。知能検査への解答の仕方，検査態度や言語表現から，パーソナリティの特徴を把握することも可能です。また，短時間でできる描画法などを付け加えることもできます。さらに，子どもの場合，心理査定で問うべきことの多くを親に問うことになります。親は常に自分の養育に問題があったのではないかと不安を抱いています。ここでも，母親面接と同様の配慮が必要になります。

8.4　所見のまとめと報告

心理査定の情報はいくつかのルートから収集され，いくつかの観点から整理されます。以下にその過程について説明します。

8.4.1　情報を統合する過程

査定面接に入る前に，臨床心理士は医師から患者の臨床症状や経過，身体的所見，来院した経緯について，ある程度の情報を得ています。このような情報から，心理査定にどのようなことが期待されているのかが理解できます。その後に査定面接に入り，必要に応じて心理検査も行います。入院患者については，看護記録や看護者からの情報もあります。これらの情報をすべて統合しながら臨床心理学的考察を行い，患者の心理査定報告書をまとめます。

8.4.2　報告書のまとめ方

心理査定をまとめるにあたって注目すべき点は次のようになります（表 8.7）。

「患者の現在の状況」「パーソナリティ」「対人関係」「対応方針」の 4 つの視点を中心として，細部にわたっては表に示す項目に従って記述していきます。さらに，心理査定を依頼した医師の要望も考慮に入れながら，まとめていく必要もあります。

報告書は依頼者である医師に提出するのが通常の経路です。また，医師から患者に報告される場合もあります。そのためにも，医師が患者の状況を理解し，

表 8.7　心理査定所見のまとめと報告（馬場，1998）

Ⅰ　クライエントの現在の状況
　＊症状や問題行動の現状と推測される力動（面接，心理検査，主治医からの情報，カルテ記載事項）
　＊生活への適応の仕方と適応状況（面接，心理検査）
　＊入院中の生活状況（日常観察，看護者からの情報）
　＊心理的問題への気づきや自己理解の可能性（面接，心理検査）
Ⅱ　パーソナリティ
　＊自我機能とアイデンティティ（面接，心理検査）
　＊自我の強さと弱さ（心理検査）
　＊防衛機能＝自己調整の仕方と効果（心理検査）
　＊知的能力，作業達成力（面接，心理検査）
　＊内的葛藤の様相，葛藤の焦点となっている欲求や感情（面接，心理検査）
Ⅲ　対人関係
　＊対人関係機能一般（面接，心理検査）
　＊家族関係の実態と問題（面接）
　＊環境条件の実態と問題（面接）
Ⅳ　可能な介入と本人の治癒力，改善への意欲（面接，心理検査）

その改善に協力しようという姿勢になるように記述することが大切です。また，どの職種にもわかる言葉で，特殊な専門用語を使わずに記述することも大切です。

また，心理査定の報告は文書ばかりとは限りません。口頭で説明すると，記述でわかりにくい細かいニュアンスが伝わったり，思いがけない行き違いが判明したりすることもあります。

8.4.3　患者に報告すること

心理査定の所見を患者に伝えるにあたっては，患者の内的な問題，行動や感情表現をめぐる問題など，きわめて個人的な内容について話すことになるので，所見の伝達が自己理解を促し，心理療法へと動機づけるよい機会になります。臨床心理士が心理療法に先立って査定面接を行う場合には，それが心理療法への導入につながることになります。

心理査定から何をどのように伝えるかについては，伝えることが患者の成長に役立つかどうかが重要な観点になります。これに従って言うべきこと，言うべきでないこと，表現の仕方などが選択されます。そして，所見を伝えるとともに，何らかの解決の方法を示唆し，適切な対処や治療へとつなぐことが，心理査定のもっとも重要な役割になります（馬場，1998）。

また，心理査定は治療初期にのみ行われるものではありません。患者との関係が続く限り，心理査定は行われています。すなわち，臨床心理的観点から患者の心的状況をみることにより，それに伴って心理査定は修正されていきます。

参考図書

高橋 三郎・大野 裕・染谷 俊幸（訳）（1996）．DSM-Ⅳ　精神疾患の診断・統計マニュアル　医学書院

高橋 三郎・大野 裕（監訳）（2014）．DSM-5　精神疾患の診断・統計マニュアル　医学書院

高木 俊一郎（編著）（1996）．教育臨床序説――総合人間学的アプローチへの挑戦――　金子書房

岡堂 哲雄（編）（2003）．臨床心理査定学　誠信書房

山中 康裕・馬場 禮子（編）（1998）．病院の心理臨床　金子書房

復習問題

1. 病院における心理査定の意味について説明してください。
2. 査定面接や心理検査での基本的な態度について説明してください。
3. テスト・バッテリーの意味について説明してください。
4. 小児科での子どもの心理査定について説明してください。
5. 心理査定をまとめるにあたって注目すべき点について述べてください。

第9章 病院における心理臨床の対応

本章では，病院の各領域（精神神経科・小児科・心療内科・緩和ケア）における心理臨床の対応について，具体的な事例を取り上げて説明していきます。

医療現場においては，クライエントの人権尊重に留意し，クライエントに苦痛や不利益をもたらすことのないよう，クライエントの秘密を保持する義務を果たす必要があります。そうした心理臨床における倫理的配慮についても事例を通して学んでいきます。

9.1 精神神経科における心理臨床の実際

9.1.1 うつ病・うつ反応の特徴

うつ病（depression）・うつ反応の診断に関しては，DSM-Ⅳ，DSM-5 に基づくことが一般的となっています。以下に，うつ病・うつ反応の特徴を，感情の障害，思考の障害，行動の障害，身体的症状，その他特に留意すべき事柄について説明します（古賀，2004）。

1. 感情の障害

うつ状態の基本は，気分の障害すなわち**抑うつ気分**です。はっきりとした原因もないのに憂うつな気分となり，すべてが面白くなく，理由もなく悲しいといった悲哀感，寂寥感を訴えやすくなります。

2. 思考の障害

うつ状態の思考の障害は，形式面と内容面の 2 つに分けて考えることができます。形式面においては，**思考停止**です。考えようとしても観念や着想が頭に浮かんでこない，自信がなく，判断力や決断力が低下するために，思考のテンポが遅くなり，考えが進まなくなります。また，質問に対しても，答えようとする努力はみられますが，返答が遅く，声も小さく，話し方もゆっくりで，考えの内容もまとまらなくなります。一方，内容面においては，自己を実際よりも著しく低く評価し，物事を悪いほうにばかり解釈して取り越し苦労をします。何事についても悲観的で，将来に希望がなく，生きていても意味がないと虚無的な受け止め方が顕著となります。

3. 行動の障害

行動の障害は，物事をやらなくてはならないとわかっていても意欲がわかず，行動が制止します。**行動の制止**は午前が強く，午後になると夕方から夜にかけて軽くなる傾向にあります。行動の制止が強いときは，日常の生活習慣である食事・洗面・入浴などもせず，人と関わることもしません。

4. 身体的症状

もっとも顕著な症状としては，**睡眠障害**があります。不眠や中途覚醒が一般的ではありますが，過剰睡眠が出現することもあります。また，食欲不振や体重減少もあります。便秘や下痢などの自律神経症状などが伴うこともあります。

5. 自 殺 傾 向

うつ病・うつ反応で注意すべきこととして，**自殺傾向**があります。うつ病患者の自殺は，周囲の人に迷惑がかからないようにひっそりとした場所や手段を選び，攻撃的なものではありません。自分の責任において問題を処理しようとする認知・行動パターンが組み立てられています。そのため，自殺を予知することは困難です。

9.1.2 うつ病・うつ反応の心理療法

ここからは，うつ病・うつ反応の心理療法を，それぞれの立場から説明します（古賀，2004）。

1. 精神分析療法

精神分析では，うつ病は自分自身に無意識に向けられた怒りから生じると考えます。そのため，**精神分析療法**では患者が抑圧された葛藤を洞察していけるように援助し，自己の内面にある敵意を発散できるようになることを目的とします。クラーマン（Klerman, G. I.）らは，対人関係療法を実施して効果を上げています（Frank et al., 1990）。この治療法は，うつ病の患者が自分の要求をより満たし，社会的人間関係にも満足していけるようになるために，他者とのコミュニケーションをどのように改善していけばよいかということを教えるものとなっています。

2. 実存療法

フランクル（Frankl, 1971）は，自己の収容所体験を通して，人間は自分の生きる目的を見出せないとき，うつ病に陥ると考えました。**実存療法**では，患者の経験している苦痛を病気や異常という意味として理解するのではなく，主観的体験として共感的に受容しながら，その人の生きる意味を回復することを援助します。

3. 認知療法

ベック（Beck, 1987）は，うつ病の患者に特徴的である否定的三角関係（自己・世界・未来に対する悲観的見方），否定的スキーマと否定的信念，認知的歪曲といった思考の歪みを修正するための治療法として，**認知療法**を提唱しています。

4. 論理療法

エリス（Ellis, 1981）は，非合理的信念が情緒的混乱を引き起こす結果になっているとして，それを合理的なものに変える**論理療法**を提唱しています。

5. 認知行動療法

行動療法では，患者が社会的関係をうまくやっていけることに焦点をあてて，治療・訓練を展開します。近年では，主張訓練や社会的スキル訓練などの行動療法的アプローチに認知療法的要素を加えた，包括的な**認知行動療法**のほうがより有効であるとされています。

9.1.3　うつ病・うつ反応の事例

事例　Aさん：33歳，会社員，男性。

主訴：抑うつ気分・不眠傾向。

家族構成：本人・妻・子ども1人。

現病歴：2年前から不調を感じていました。1年前の4月に職場の配置換えがあり，5月頃から食欲不振と仕事に対する意欲低下が顕著になりました。その後，上司から仕事ぶりについて叱責され，抑うつ気分と不眠傾向が強くなってきました。それで，精神科病院を受診し，本格的な心理治療を受けるほうがよいと言われ，心理療法を行うことになりました。

治療経過：医学的治療としては，抑うつ気分，不眠傾向のための薬物療法が始まりました。Aさんの抑うつ気分と不眠傾向が多少改善したところで，週1回の心理療法を実施しました。

1. 行動論的カウンセリング

治療者は，Aさんに抑うつ状態に陥った経過を振り返らせ，職場ストレスへの対応の仕方について考えていきました。そして，ネガティブな思考パターンを変容するため，その日の中でポジティブな事柄を思い出し，確認していくことにしました。さらに，自分で課題を決めて成功体験をもつ必要性と意味について考えさせ，Aさんの生き方の課題や意味などへの気づきを図るようにしました。

2. 認知行動療法的アプローチ

心理療法で検討した課題を，集団の中で具体的に実行していきました。自己主張訓練を通して，自己抑圧的な思考と行動パターンの変容を図ることにつとめ，症状の軽減に向かいました。

事例　Bさん：56歳，会社員，男性。

主訴：抑うつ状態・めまい。

家族構成：一人暮らし。

現病歴：Bさんは，50歳の前半に脳梗塞を発症し，軽度の後遺症が残りました。その後，妻と離婚し一人暮らしになりました。それから，うつ症状とめまいが出現しました。それに加えて，虚無感・自責感も強まり，抑うつ症状がさらに憎悪していきました。そこで，心理療法を実施することになりました。

治療経過：心理療法は認知行動療法とグループワークによる主張訓練を実施しました。

1. 認知行動療法

Bさんの症状の多くは，脳梗塞の後遺症によるものというよりも，自己の人生に希望がないという，誤った認知にとらわれていることからくるものと考えられました。そこで，Bさんにこのことに焦点をあててアプローチを行いました。そして過去を悔やむよりも，これから実行する中で新しい人生が組み立てられることを気づかせていきました。

2. グループワークによる主張訓練

グループワークにおいて，Bさんが実行すべき事柄を主張することは，実際に生活の中で実行していくことへの強い後押しとして作用したようです。そして，実際に遂行できたことで周囲から称賛され，うれしい思いを感じると同時に，やればできるという思いを強めることができました。

9.2 小児科における心理臨床の実際

9.2.1 起立性調節障害の特徴

循環器系の心身症としてもっとも代表的なものは，**起立性調節障害**（orthostatic dysregulation）です。循環器系は，情緒反応がもっともストレートに現れる器官です。緊張すると動悸がしたり，脈が速くなったり，興奮すると血圧が上昇するなどは，誰もがよく経験することです。起立性調節障害は，**表9.1**に示されているような診断基準で診断されています。

起立性調節障害は多くの場合，心理的な要因が関与しています。乳幼児期にはほとんどみられず，児童期後半以降の子どもに多く，男児より女児に多くみられます。自律神経系の不安定な子ども，特に血管運動神経の過敏な子どもに発症しやすく，起立することにより脳の血液循環が失調して脳の虚血が起きるために，立ちくらみなどの症状が起きます。起立という姿勢の変化に，血管運動神経の調節がうまくついていかないために起きる症状です。

医学的治療として，薬剤（昇圧剤・自律神経調整剤・精神安定剤）の投与と身体の鍛錬（冷水摩擦）が主に行われますが，それよりも心理治療や生活指導が主体となるケースが多くなっています（伊東，1996）。

表9.1 **起立性調節障害の診断基準**（伊東，1996）

大症状	A. 立ちくらみ，めまいを起こしやすい。 B. 立っていると，気持が悪くなる，ひどくなると倒れる。 C. 入浴時，あるいはいやなことを見聞すると，気持が悪くなる。 D. 少し動くと，動悸あるいは息切れがする。 E. 朝なかなか起きられず，午前中調子が悪い。
小症状	a. 顔色が青白い。 b. 食欲不振。 c. 臍疝痛（強い腹痛）をときどき訴える。 d. 倦怠感，あるいは疲れやすい。 e. 頭痛をしばしば訴える。 f. 乗物に酔いやすい。 g. 脈圧狭少（16mmHg 以上）。 h. 収縮期圧低下（21mmHg 以上）。 i. 脈拍数増加（21/分以上）。 j. 立位心電図 T_1T_{11}・0.2mv 以上の減高，その他の変化。
大症状1つで小症状3つ以上，大症状2つで小症状1つ以上，大症状3つ以上のとき，起立性調節障害と診断する。	

9.2.2 心身症をもつ子どもの心理療法

子どもは，身体の急激な変化に加えて，自立を図るための自我の確立と関連して，次々と葛藤を強め，精神的に危機的状態に陥りやすくなります。現実的には，子どもは親や教師あるいは友人との人間関係をはじめ，勉強や進路などの学校ストレスに直面して，自律神経系に失調をきたしたり，身体症状を呈しやすくなります。心身症をもつ子どもは，その発症や持続に心理・社会的要因が関与している事例が多くなっています。したがって，治療では心身両面からのアプローチが必要です。

具体的には，薬物療法に加えて，規則的な食生活・睡眠・運動などの生活指導を実施します。次に，心理療法によって，患者の過度の身体症状へのとらわれ，誤った認知のあり方への気づきを図っていきます。さらに，学校や家庭での緊張や不安などの心理ストレスへの対処行動を身につけさせていくための指導や訓練援助が重要になります（伊東，1996）。

9.2.3　起立性調節障害の事例

事例　Cさん：13歳，中学1年生，女子。

主訴：起立時，めまいを起こし倒れる。

家族構成：父親・母親・本人・妹・弟。

現病歴：Cさんは，第1子として出生し，胎生期・周産期・乳児期において特記すべき異常はありませんでした。

小学校の頃から，母親はCさんに勉強を強制していました。Cさんは「親戚の家に遊びに行ったとき，いとこはみんな遊んでいるのに，私だけが勉強させられて，嫌な思いをした」と言っていました。小学4年生の頃から，「こんなことではどの高校にも入れない」と母親から言われ続け，その結果，もし勉強がわからなくなったらどうしようという不安から，授業中，緊張感が高まってきました。また，中学校入学時，クラブ活動に関して，Cさんはダンス部への入部を希望していましたが，母親がコーラス部への入部を強要したので，仕方なくコーラス部に入部しました。しかし，その後もダンス部へのあこがれは捨てきれませんでした。

中学1年生の2学期になってから，6時間目の授業終了後，手の震えを訴え，起立時，首が後屈して後方へ転倒しました。保健室に連れていかれ，ベッドに寝かされましたが，四肢の震えが続いていました。その後，1時間ほど同じ状態が持続したため，学校から直接病院に来院したものの，診察の結果，異常所見は認められず，帰宅しました。次の日，2時間目の授業中，また前日と同様の発作が起こり，検査入院となりました。医学的検査を行いましたが，CT（コンピュータ断層撮影）・EEG（脳波）・心電図・血液検査・尿検査などに異常所見は認められず，起立性調節障害と診断されました。

その後，退院して登校していたものの，授業中に倒れて保健室に行くことが1日のうち2～3回出現するようになり，しだいに学校で倒れる回数が増えていきました。また，倒れる場面も，Cさんが好意をもっている英語と国語の先生のいる場面に限定されてきました。

治療経過：各場面において，次のような治療手続きを導入しました。

1.　学校場面での対応

学校の先生やクラスの友達には，特別扱いせず，できるだけCさん自身で処理できるようにさせました。倒れたときにCさんに注目すると倒れる行動を強化しやすいので，むしろ元気にしているときに注目し，「今日は頑張っているね」などと伝えるようにしました。

2. 家庭場面での対応

学校からの帰り道に気分が悪くなったときは，先生や友達に迷惑をかけないように，自分で家に電話をかけるようにさせました。家庭では，Cさんに自信をつけさせることにより，親子関係の改善を図るようにしました。

3. 病院場面での対応

Cさんに「頑張り表」をつけさせるようにしました。来院時に毎回「頑張り表」を持ってくるようにさせ，それを評価しました。また，自分の身体に対する自己管理をさせ，席を立ち上がる前に，Cさん自身に自分の身体に対する自己チェックを行わせ，倒れないと確信したときに立ち上がり，不安なときは，しばらく座ったままで体調が整うまで待つようにさせました。

以上のような各場面における対応の仕方により，Cさんの学校で倒れる回数は減少し，行動面にも積極性が出てきました。

事例 Dさん：15歳，中学3年生，女子。

主訴：めまい，四肢のしびれ感，意識が喪失して倒れる。

家族構成：父親・母親・本人・弟。

現病歴：Dさんは，第1子として出生し，胎生期，周産期，乳児期において特記すべき異常はありませんでした。幼児期の頃から友達との関わりは少なく，一人遊びが多くありました。小学校に入学してからもあまり友達はできず，おとなしいほうでした。弟とは仲が良く，家ではよく関わりをもっていました。仕事が忙しいせいで，父親とはあまり一緒に行動できないことを残念がっていました。母親に対しては心配をかけないように，自分の気持ちを抑圧する傾向がありました。

中学3年生になってから，クラスの中にいると落ち着かなくなり，友達の話し声や視線が気になるようになりました。この時期，母親が自宅で倒れて救急車で運ばれるという体験をし，母親がこのまま死んでしまうのではないかと過度の不安を感じるようになりました。その直後から，めまい，四肢のしびれ感などの症状が発症し，ついには，意識を喪失して倒れるまでになりました。病院の小児科を受診し，医学的検査を受けましたが異常所見はなく，起立性調節障害と診断されました。

治療経過：次のような治療手続きを導入しました。

1. 行動論的カウンセリング

母親がDさんの目前で倒れ，そのときからDさんは死に対する恐怖心をもつようになりました。そのような時期にDさんにも心身症状が発症し，発作に対する死の恐怖心や予期不安が高まっていきました。そして，心身症状が起こっているとき，「このまま死ぬのではないか」という破局的認知を変容させるため，Dさんに起立性調節障害の発症機序，病態について心身医学的な観点から説明し，症状に対する理解を深めさせ，恐怖心や予期不安を軽減させました。その結果，心身症が起こりかけたとき自分で落ち着かせようとするなど，比較的冷静な態度で対処できるようになりました。

2. 自律訓練法

母親が病弱であったため，母親に心配をかけないように自分の感情を抑圧し，過剰適応的に振る舞っていたので，心理的にもストレスがかかっていました。自律訓練法により自律神経のバランスを整えることが症状の除去につながることをDさんに理解させ，自律訓練法を始めました。自律訓練法では四肢重感から始まり，四肢温感と技法をマスターするに従い，心身症に対する予期不安が高まったとき，口と鼻からゆっくり腹に息を吸い込み，次にゆっくり息を吐きながら筋肉をリラックスさせることに集中し，地面に気持ち良く沈み込んでいく感じをもつことができるようになりました。そして，しだいに自律神経のバランスを整えることができるようになりました。

3. 環境調整

母親が病弱のため，母親になるべく心配をかけないようにと，Dさんが自分の感情を抑圧し，ストレスを発散することができない状況にありました。家庭内では，父親との関わりを増やすために日曜日には父親がDさんと一緒に買い物に出かけたり，散歩に出かけたりするように努めました。また，Dさんだけが負担を背負うことのないよう弟と役割分担をして家のお手伝いをするなど母親の手助けをするようにしました。そして，母親の体調の良いときには，母親がDさんと関わりをもち，依存欲求を満たしてやるように努めました。

その結果，Dさんの家庭内における緊張感もとれ，情緒的な安定性も出てきました。

9.3 心療内科における心理臨床の実際

9.3.1 心身症の特徴

心療内科における患者は，基本的には身体的訴えをもって受診します。しかし，その病気の原因なり経過において，心理的・社会的要因が大幅に関与しているという特徴をもちます。日本心身医学会研修委員会（編）『心身医学の新しい診療指針』によると，**心身症**とは「身体疾患の中で，その発症や経過に心理社会的因子が密接に関与し，器質的ないし機能的障害が認められる病態をいう。ただし，神経症やうつ病など，精神障害に伴う身体症状は除外する」となっています。代表的な心身症は，**表9.2**に示す通りです。

このように，心身症は心理・社会的要因が強く影響する身体疾患です。したがって，その診断と治療においては，身体医学的アプローチに加えて，患者の心理面，あるいは患者のおかれている社会的な側面などから診療にあたるといったように，患者を心身両面から総合的にアプローチすることが必要です。

表9.2 **内科領域での心身症**（日本心身医学会，1991）

1. **呼吸器系**
   気管支喘息，過換気症候群
2. **循環器系**
   本態性高血圧症，冠動脈疾患（狭心症，心筋梗塞）
3. **消化器系**
   胃・十二指腸潰瘍，過敏性腸症候群
4. **内分泌・代謝系**
   神経性食欲不振症，糖尿病
5. **神経・筋肉系**
   筋収縮性頭痛，書痙

9.3.2　心身症の心理療法

心身症の心理療法に関しては，事例によってそれぞれに対応したアプローチが必要となります。心身症といってもさまざまな疾患や症状があり，それらの心理的な背景にしても，家族病理が関係しているもの，生活習慣に関係があるもの，ストレス対処能力にあるもの，さらに症状が慢性化して習慣化したものなど，その病態のありようはさまざまです。それだけに，ある1つの技法なり理論のみで対応しようとすると，無理が生じます。そこで患者の症状の発症・持続・悪化に関与していると思われる心理・社会的要因について検討し，それに基づいて症状の改善に必要と思われる心理・社会的側面からの援助実践，すなわち家族や職場などの環境調整，患者に対するストレスへの対処法の指導や，生活習慣・行動パターン・対人関係のあり方などの修正に対する心理教育，カウンセリングなどを含む心理療法を実施します。なお，これらの中には，直接症状の改善を目指すような自律訓練法やバイオフィードバック法のような心理的技法も含まれます。

また，臨床心理学的な知識のみでなく，心身症についての医学的な知識，また一般的な心身相関に関する医学的・生理学的知識も必要になります。さらには，治療に用いられる主要な向精神薬の薬理作用についての知識をもっていることも必要です。

9.3.3　過敏性腸症候群の事例

事例 **E さん：20 歳，大学生，女性。**

主訴：腹痛・下痢。

家族構成：父親・母親・本人・弟。

現病歴：小学生の頃から，運動会，音楽会など行事のある日が近づいて不安が高まると，腹痛・下痢を繰り返すことがありました。

高校に入学し，進学クラスに入り国立大学を目指して頑張っていましたが，3年生になってから成績が低下し，友達から追い越される不安，先生や親からの圧力，国立大学進学への自信低下などの心理的ストレスのため，再び，腹痛・下痢の症状が現れました。その後，国立大学には合格できず，私立大学に進学しました。

大学2年生になると，頻回な下痢と腹痛で遅刻，早退，欠席をするようになってきました。勉強への集中力が低下して授業に対する意欲も減少していきました。不眠傾向や抑うつ気分など精神症状も現れてきました。

治療経過：精神症状に対しては，抗コリン剤・抗うつ薬・入眠剤を服用させました。また，下痢や腹痛などの身体症状に対しては，抗コリン剤・整腸剤・腸運動機能調整剤が使用されました。

心理療法としては，認知行動療法的アプローチを行いました。

1. 不安や緊張の軽減を目的に，自律訓練法を実施しました。自律訓練によるリラクゼーションによって落ち着き，身体症状も軽減していきました。
2. 自己主張訓練と，不安と緊張の脱感作を行い，集団の中での自己主張が可能になりました。圧力的であった母親に対しても，自分の意見を言えるようになりました。
3. 母親カウンセリングによって，母親自身も自分からの圧力がEさんのストレスになり，症状が現れているということを理解できるようになりました。そして，Eさんに対する関わり方を改善する中で症状が軽快していきました。

事例　Fさん：19歳，女性。

主訴：腹痛・下痢・便秘・頭痛。

家族構成：父親・母親・姉・本人・弟。

現病歴：幼稚園から小学校の時期にかけて友達との関わりも少なく，いつも似たような性格の友達2〜3人と遊んでいました。家庭では勉強のことで父親に叱られることがたびたびありました。

高校入学後，先生から叱責を受け，翌日から学校を休み始めました。学校側から休学か退学かを勧められ，高校1年の6月に退学しました。高校退学後，3カ月間ほど家の中に閉じこもっていました。その後，アルバイトを始めますが，1年間ほどで辞めました。その頃から症状を訴えるようにようになり，病院に行き，心身症と診断されました。

それ以後，家の中に引きこもり，テレビばかり見るようになりました。そして，家の中で母親，姉，弟に対し，不適応行動が出るようになりました。

治療経過：Fさんの心身症は生得的な性格傾向に加えて，姉弟に対する劣等感や両親に対する欲求不満から異常な情緒の緊張を起こして現れたものであると考えられました。この症状に対処していくためには，これまでの生活を見直し，これからの生活をいかに変容していくかが問題であり，再教育の必要性が認められました。

そこで，心身症をもつFさんに対して，受容的なカウンセリング過程の中で社会適応能力を形成していくことを主眼とした認知行動療法的な生活指導を行いました。そして，その中で不安緊張刺激事態に慣れ，不安緊張の低減から消去を目標にイメージ脱感作療法も適用しました。その結果，有効性が認められ，不適応行動も消失し，心身症も軽快していきました。

9.4 緩和ケアにおける心理臨床の実際

9.4.1 緩和ケアの特徴

通常の心理臨床場面では，人間の生に関わることが目的であり死とは無縁であるかのように理解されがちですが，実は死はつねに心理臨床と関わっているのです。日常的なケースでも，患者の生の背後に死が問題として抱えられていることもありますし，若い患者でもがんで死に直面することもあります。したがって，臨床心理士としては，死というテーマを常に問題意識として頭の中においておかなければならないのです。また，これから増加する傾向にある高齢者のカウンセリングも，課題性をもった事柄であることを認識しておかなければなりません。

緩和ケアでは，医学的には延命医療だけでなく人間の生活の質（Quality of Life; QOL）を維持するために，疼痛の緩和やインフォームド・コンセントを積極的に進めるとともに，病名の告知を通して医療者側と非医療者側が一体となって，より高次の生命を共に探るというところまできています。臨床心理士がこの死の問題を含めて，病院の中では患者と全人的に関わりをもつコーディネーターとしてのはたらきをすることが望まれています（樋口，1998）。

9.4.2 緩和ケアの心理療法

近年，がんに対するさまざまな医療手段が発達してきて，もはやがんは死に至る病ではなくなりました。今ではどのような治療手段を患者が選択するか，そして予後の生命の質をどのようにして向上させるかに主眼がおかれてきています。そのために，インフォームド・コンセントを含めた患者の選択権や心理的なケアの問題へと重点が移ってきました。そのような中で，臨床心理士は必要に応じて患者の人生を振り返り，罪責感を取り払い，死を迎える準備をさせるなどの心理療法が望まれるようになりました。

また，がんの末期に現れる症状である痛みをコントロールするために，モルヒネの経口薬剤を使用することによって，死の臨床の状態が著しく改善されてきました。最後まで病床で心理的な会話，宗教的な儀式，近親者との語らいができる環境が保障されるようになってきました。この医学的な治療方法の進歩により，心理臨床の役割が重要視されるようになりました。

死にゆく患者の心理療法は，病床で自分の人生過程を振り返り，その意味を知り，次の新しい生に向かって準備すること，つまり，自分の死を体験し，その死を生ききったときに初めて出会う新しい生の体験をさせることではないでしょうか。

9.4.3 緩和ケアにおける事例

事例　Gさん：42歳，女性。

主訴：不安なく死にたい。

家族構成：夫・本人・子ども1人。

治療経過：Gさんのカウンセリング期間は1年間程度でした。終末期のカウンセリングは6カ月以内が多いですが，Gさんのように1年間続くのは長いほうで，言葉でのやりとりが十分可能な緩和ケア前期から，カウンセリング的関わりを多くもつことができました。がんが再発したとき，「あのような検査はもう二度としたくない」と言って，検査を拒否し，積極的な治療よりも緩和ケアを希望されました。

Gさんの体調の良いときを考えて，週に1〜2回程度，30分〜1時間程度のカウンセリングを継続しました。G さんの語る悩みや苦しみを傾聴し，また人生の中でやり残したことを聴いて，今からでも可能なことは実行するようにし，できるだけ心残りのないようにしていきました。体調の良いときには家族と楽しいひと時を過ごすようにし，思い出の場所にも家族で旅行に行かれました。最後に，夫と子どもに「ありがとう」という感謝の言葉を残し，安らかに旅立たれました。

事例 H さん：58 歳，男性。

主訴：死ぬための心の準備をしたい。

家族構成：本人・妻・子ども 2 人。

治療経過：H さんは，末期のがんで余命 1 カ月と診断され，一般病院からホスピスへ転院となり，そこで毎週 2 回程度のカウンセリングを受け，死のための準備を始めていきました。ホスピスに転院するにあたって，家族は迷われていましたが，結果的には，家庭の一室のようなホスピスの病室へ移ったことで，家族も自由に寝泊まりでき，最期を十分に看取ることができました。H さんが亡くなる数日前，ホスピスの中で H さんのために音楽会を開いて，H さんを安らかに見送ることができたことも，家族に満足感を与えました。

コラム9.1　自律訓練法

自律訓練法は，ドイツの精神科医シュルツ（Schultz, J. H.：1884-1970）によって提唱された治療法で，その基盤は，ドイツの大脳生理学者フォークト（Vogt, O.）の自己催眠の研究にあります。1890年頃からフォークトは，催眠状態が被験者の心身の健康増進や治療に効果のあることに注目し，自力で催眠状態に入る「予防的休息法」と呼ばれる自己暗示的な練習方法を考案しました。フォークトの研究を引き継いだシュルツは，被験者が報告した催眠状態時の重感と温感の体験が，筋肉と血管の弛緩からくると考えて，このような催眠状態が自分で得られるように研究を重ねていきました。シュルツはこの研究の成果をまとめて"*Das Autogene Training*（自律訓練法）"（1932）を著しました（永田，2005）。

自律訓練法が日本に導入されたのは1950年代に入ってからで，成瀬悟策が著書『催眠面接の技術』（1959）の中で初めて「自律訓練法」と訳して使用しました。医学領域においては，1960年代から九州大学の心療内科を中心に自律訓練法が行われ，その後，1970年代にかけて全国に広がっていきました。

自律訓練法の練習手順は次の通りです。

基本姿勢：自律訓練法を練習するときの基本姿勢は，仰臥位（仰向けに寝る）と椅子姿勢（椅子に座る）があります。

練習回数：1日に2〜4回，1回3〜5分間，毎日練習を行います。

標準練習：標準練習には，以下の公式を用います。

①背景公式（安静練習）「気持ちが落ち着いている」

②第1公式（四肢重感練習）「両腕・両足が重たい」

③第2公式（四肢温感練習）「両腕・両足が温かい」

④第3公式（心臓調整練習）「心臓が静かに規則正しく打っている」

⑤第4公式（呼吸調整練習）「自然に楽に呼吸をしている」

⑥第5公式（腹部温感練習）「お腹が温かい」

⑦第6公式（額部涼感練習）「額が心地良く涼しい」

消去動作：必ず，終了時には消去動作（両手の開閉運動→両肘の屈伸運動→背伸びをしながら深呼吸→最後に開眼）を行います。

参考図書

小林 重雄（監修）小林 重雄・古賀 靖之（編著）（2004）．医療臨床心理学　コレール社

高木 俊一郎（編著）（1996）．教育臨床序説――総合人間学的アプローチへの挑戦――　金子書房

大塚 義孝（編）（2004）．病院臨床心理学　誠信書房

山中 康裕・馬場 禮子（編）（1998）．病院の心理臨床　金子書房

忠井 俊明（編著）（2008）．医療心理学　星和書店

大石 史博・西川 隆蔵・中村 義行（編）（2005）．発達臨床心理学ハンドブック　ナカニシヤ出版

復習問題

1. うつ病・うつ反応の特徴について説明してください。
2. うつ病・うつ反応の心理療法について説明してください。
3. 起立性調節障害の特徴について説明してください。
4. 心身症の心理療法について説明してください。

第 IV 部

高齢者と臨床心理学

第10章 高齢者における臨床心理学の役割

現代の日本において，高齢者を取り巻く状況は大きく変動しています。また，認知症や高齢期うつ病をはじめとするさまざまな疾患や障害を抱えて生きる高齢者への心理支援の必要性も高まっています。この章では，高齢期における生涯発達や高齢者のおかれている社会・文化的な観点も含めた高齢者の心を理解し，臨床心理学的支援の枠組みを考えていきます。

10.1 生涯発達の枠組みからみた高齢者の心

人の一生について，かつては人の発達とは成人がゴールであり，その後はさまざまな機能がゆっくりと低下していき，高齢期になると低下が顕著となり人生の終焉に向かっていく，といったとらえ方が一般的でした。このイメージは図 10.1 のように示すことが可能です。グラフの縦軸を何らかの量的な指標と考え，横軸を年齢としてください。これは，人は生まれてから 20 歳代くらいまで機能や能力が増大，向上していき，そこが頂点であるととらえる考え方です。しかしながら，「名人」や「匠の技」といった評価は円熟期を迎えた高齢世代の中からなされることが多く，「速さ」「強さ」「多さ」といった量的側面から離れた質的な意味合いを考慮していくと，かなりの年齢まで「人は発達していける」と考えることができそうです。

エリクソン（Erikson, E. H.）やハヴィガースト（Havighurst, R. J.）は人の一生をいくつかの発達段階に分け，各段階で克服すべき**発達課題**を明示しました。エリクソン（Erikson, 1982）では，**ライフサイクル**における高齢期の発達

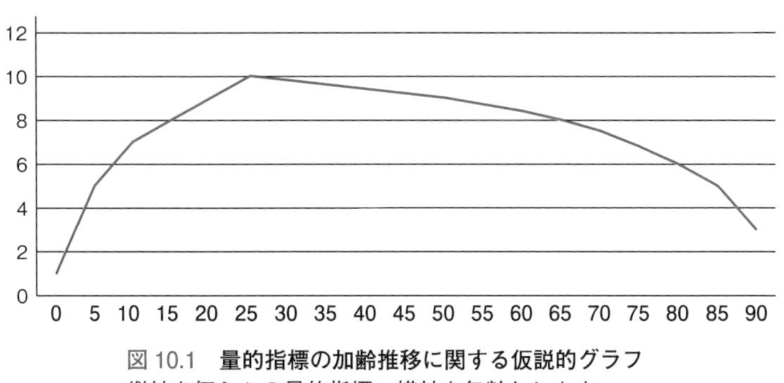

図 10.1　**量的指標の加齢推移に関する仮説的グラフ**
縦軸を何らかの量的指標，横軸を年齢とします。

課題として「統合 vs 絶望」をあげています。ライフサイクルとは，人の一生を構成する各発達段階において一連のプロセスがあり，これが繰り返されていくとする考え方です。高齢期は最後の発達段階と考えることができます。高齢者が自分の人生を振り返ったとき，自分にとって肯定的な面も否定的な面も含めて何らかの全体的意味や成就感を見出すことが重要で，これが人生の終焉に向けて生きる糧になると考えられるでしょう。エリクソンの言う「統合」はこれに相当する状態であり，高齢期にこのような心情へ近づくことが困難であると，高齢者自らの人生プロセスを肯定的にとらえることができず，残された時間についても「絶望」的な心情が優勢になると考えられます。

一方，ハヴィガースト（Havighurst, 1953）は「肉体的な力と健康の衰退に適応すること」「引退や収入の減少に適応すること」「配偶者の死に適応すること」「同世代の人々と親密な関係を築くこと」「社会や，市民としての義務を引き受けること」「今後の生活を健康に送れるよう準備すること」といった，より現実的で具体的な高齢期の発達課題を示しています。両者とも，身体機能や生命力の避け難い低下や，生活状況の変化を，高齢者自らが受け止め向き合っていく条件を指摘していると考えられ，若い世代とは質的に異なる「発達」であるととらえることができます。

老年学の分野では，高齢者の社会的立場やそこから生じる高齢者自身の幸福感に着目し，高齢者にとって幸せな生き方として「**活動理論**」と「**離脱理論**」という 2 つの考え方をめぐって論争となりました。「活動理論」は，高齢期になっても社会的活動に取り組むことで他者からの肯定的評価が得られやすくなり，自己の肯定的評価も維持されるため，満足度が高まりやすいというものです。一方，「離脱理論」では，老化による諸機能の衰えは避けられないため，以前と同じように社会的活動を維持しようとすると自己の衰えをより敏感に感じてしまい，満足度が低下しやすいと考えます。そして，この論争の中から「**継続性理論**」という考え方も生まれました。この理論では，成人期以降のパーソナリティは比較的安定して推移するため，行動や思考，感じ方といった特徴にはある程度の個人的一貫性があり，高齢期のさまざまな課題に対してこの一貫した様式に基づいて適応しているというものです。

生涯発達心理学を提唱したバルテス（Baltes, P. B.）は，発達を生涯にわたって続く「獲得」と「喪失」の力動的なプロセスとしてとらえています（Baltes, 1987）。人は成人になるまでは体格や知的能力，複雑な認知機能の形成など「獲得」の経験が「喪失」よりも優勢になります。成人以降ではこの経験が徐々に逆転するわけですが，両者は常に生じており，相互に影響する結果としてそのときの人のあり方が決まっていくので，これら全体のプロセスを発達として考えようとするものです。

バルテスらは，高齢期の発達を説明する理論として「補償による選択最適化理論（Selective Optimization with Compensation theory；**SOC理論**）」を提示しています（Freund & Baltes, 1998, 2002）。この理論では，高齢者が生活上の目標を選択する際，自己の能力低下や環境的制約を考慮して目標の水準を切り下げ，実情に合った（最適化された）選択を行った結果，適応することを説明しています。ここでは，高齢者が主体的に選択し適応する心理プロセスが明示されています。

10.2　社会構造や文化的枠組みからみた高齢者の心

高齢化において，日本は世界でも有数の状態にあることはすでにご存知のことかと思います。加えて少子化も進んでおり，日本において「少子高齢化社会」はすでに過ぎ去り，今や「少子高齢社会」といえます。高齢化については，

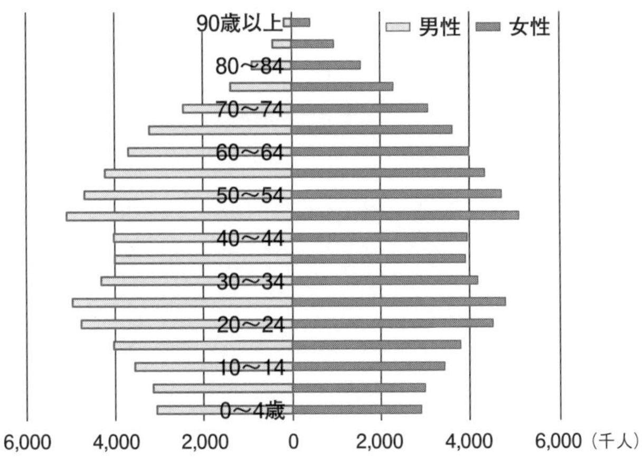

図 10.2　**平成 10（1998）年の年齢別人口構成図**
（総務省統計局の年齢別人口推計データより筆者が作成）

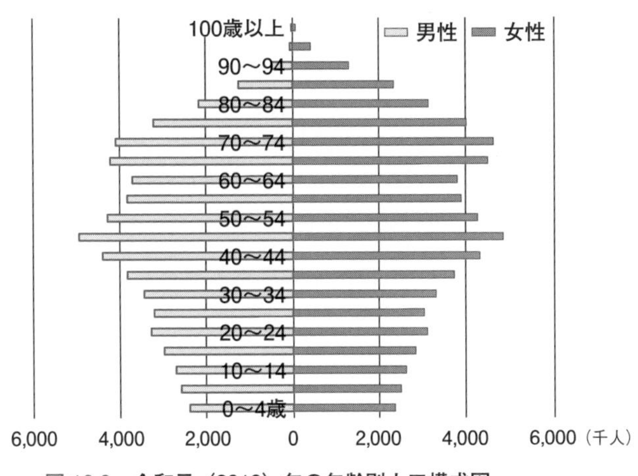

図 10.3　**令和元（2019）年の年齢別人口構成図**
（総務省統計局の年齢別人口推計データより筆者が作成）

さらに「超高齢社会」の実現も現実味を帯びてきているところです。図 10.2 は，総務省統計局による「人口推計」における平成 10（1998）年の年齢別人口推計データをグラフ化したもの，図 10.3 は令和元（2019）年の年齢別人口推計データをグラフ化したものです。グラフ上部の高年齢層は 2019 年のほうが厚みを増しているのがわかります。一方でグラフ下部の若年齢層は薄くなっており，この傾向が続く限り数十年後には全年齢層で人口が減少する「人口減少社会」へと進んでいくことになります。つまり，現在の高齢者がおかれた状況は「高齢者が増加し，社会的・経済的に下支えをする若年層が減少している」ことからくるさまざまな課題ですが，将来的には高齢者も含め人口が減少していく中で社会や経済のシステムをどのように維持していくか，という問題に直面する可能性があります。

『令和2年版厚生労働白書――令和時代の社会保障と働き方を考える』によれば，令和元（2019）年での平均寿命は男性が81.41歳，女性が87.45歳となっており，約30年間で5歳以上伸びています。この白書では，人々の高齢者像の変化も指摘されていて，「高齢者ととらえているのは何歳以降であるか」との質問に対して，2014年の調査では「65歳以上」とするのが1割未満，「70歳以上」「75歳以上」がそれぞれ約3割，「80歳以上」が約2割という回答で，過去の同様な調査と比べるとより高い年齢を高齢者と判断する結果が出ています。

ただし，平均寿命は「そのときに誕生した人の平均余命」と定義されているため，加齢に伴い心身が不健康な状態にある時期も含まれます。WHO（世界保健機関）は，2000年に「**健康寿命**」という概念を提示しました。日本では厚生労働省が「健康寿命のあり方に関する有識者研究会」を立ち上げ，「健康寿命とは，ある健康状態で生活することが期待される平均期間で表される指標」（厚生労働省，2019）と定義しています。2001年から3年ごとに2016年までの平均寿命と健康寿命の推移を，男性は図10.4に女性は図10.5に示します。男女とも平均寿命の変化に対応して健康寿命も高くなっており，男性で約9～10年，女性で約12～13年の差があることがわかります。

また，現代日本においては，地方の過疎化と，都市部への人口集中が顕著となっています。地方では高齢者が多いものの，若年者の流出が大きく過疎が進み，地域コミュニティの維持が困難となっています。都市部でも空き家問題が取り沙汰されるように，地域によっては人口全体の減少が顕著になりつつあります。都市部では人の移動の多さから，地域コミュニティの弱体化が以前より

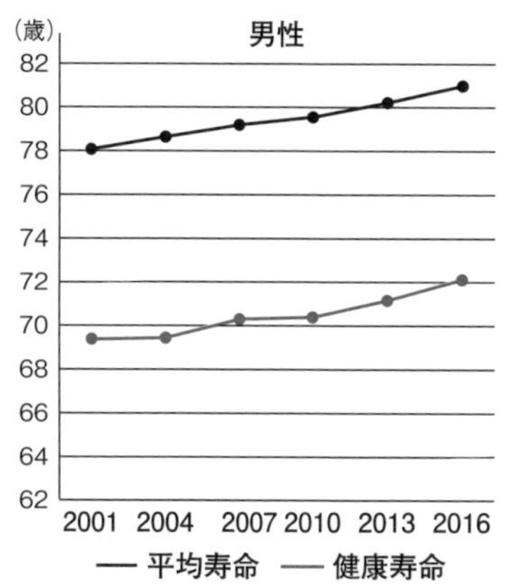

図 10.4　平均寿命と健康寿命の変化（男性）
（厚生労働省の「生命表」「人口動態統計」「国民生活調査」および総務省統計局「人口推計」より算出されたデータに基づき作成）

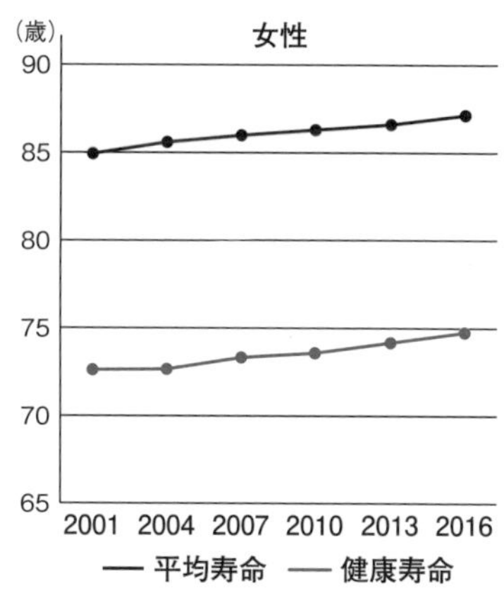

図 10.5　平均寿命と健康寿命の変化（女性）
（厚生労働省の「生命表」「人口動態統計」「国民生活調査」および総務省統計局「人口推計」より算出されたデータに基づき作成）

指摘されていましたが，地方の過疎化が独居高齢者の増加にも影響しており，近隣や身内の日常的支援が受けにくくなる高齢者の孤立感，孤独感といった心理状態を生み出す可能性があるでしょう。

高齢期は社会的役割の減少や健康状態の低下，身近な人の死など具体的な「喪失」の体験が増えてくる時期です。一方で，高齢者が若い頃と変わらないかそれ以上の幸福感や精神的安定を得ているとする報告も多くあります。この説明として，「**社会情動的選択性理論**（socioemotional selectivity theory）」では，高齢者が若者よりも感情的に価値ある情報に動機づけられ，感情的な満足感を得る方向に認知的，社会的資源を投入し，ポジティブな感情を維持しようとするためであると説明しています（Carstensen, 2006）。実際に，高齢者が若者よりもネガティブな情報に注意を向けにくいとする報告がありますが，ファンら（Fung et al., 2008）は，自主性や独自性を重視するアメリカ文化では，自尊心を低めないためにポジティブな情報に関心を向けやすく，協調性を重視する東アジアの地域では，たとえば「和」を乱すようなネガティブな情報を無視できないであろうと指摘しており，文化や価値観の影響を考慮する必要がありそうです。

また，世界規模でさまざまな情報が容易にやりとりされる現代社会においては，社会，経済，技術，文化など広範囲でダイナミックな変化が生じるため，それまで高齢者がなじんできた環境や価値観と異なる状況におかれた場合，その高齢者の有する能力が十分に発揮できないことも考えられます。たとえば，パソコンの操作自体はかつて仕事でも使っていたため問題なくても，スマートフォンでの操作には慣れないかもしれません。キャッシュレスでさまざまなポイント還元の恩恵を受けながら生活することも，説明によって理解はできてもこのシステム全体になじみが薄いため，状況や対応のあり方によっては大きな困難と不安を感じるかもしれません。このように，高齢者の心は社会構造の変化や文化的な影響など，個々の高齢者を取り巻く環境要因も考慮しながら理解につなげ，支援のあり方を検討する必要があります。

ところで，社会や文化などについて同一の背景をもつ集団を**コホート**（cohort）といいます。高齢者の心の理解やそれに基づく臨床心理学的支援において，コホートの特徴を考慮することは重要な要素の一つであるといえます。ただし，コホートの違いによる影響が本当にあるのかを研究によって解明するのは大きなコストがかかります。

世代間比較に関する研究方法は，「**横断的研究**」と「**縦断的研究**」に分けることが可能です。**図10.6**に示されるように，横断的研究ではある時点で異なる世代グループ（A，B）からデータを取得し比較を行います。ただし，横断

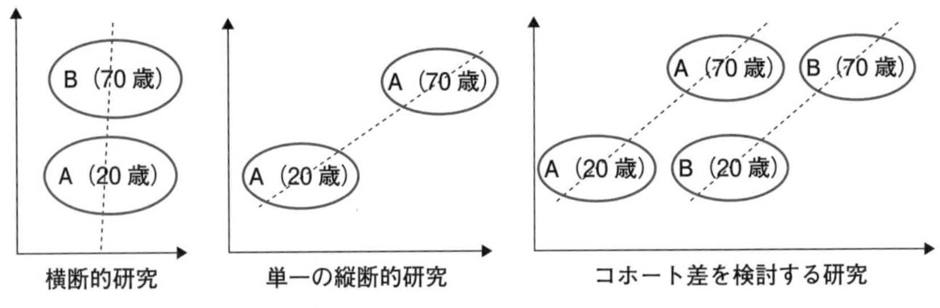

図10.6　「横断的研究」「縦断的研究」と「コホート研究」（20歳のグループと70歳のグループを比較したと仮定したもの）

的研究では各グループの年齢の影響と異なった社会・文化的背景の影響を区別できません。次に，単一の縦断的研究では同じコホート集団を追跡するため，加齢の影響を取り出すことができても世代による社会・文化的影響の違いを検討することができません。加齢の影響と世代による社会・文化的影響を分けて考察するためには，複数のコホート集団を縦断的に追跡する必要があります。ただ，この方法は研究期間を10年以上の単位で構成する必要があり，研究協力者と研究スタッフの確保や管理も大きな課題となります。

このような課題があるものの，高齢者の心理支援においては社会・文化的背景とそこから生じる価値観にも関心をもちながら実践を行うことが，高齢者への配慮と敬意の表明に結びつきやすいと考えられます。

10.3　代表的疾患からみた高齢者の心

高齢期は心身機能そのものが徐々に低下してくるため，さまざまな疾患にかかりやすくなるリスクがあります。また，高齢期に特に発症しやすい疾患も知られています。脳血管性疾患や心臓疾患，パーキンソン病，認知症，高齢期うつ病などがこれに該当します。精神障害との関連性でいうと，柄澤・水谷（1999）は，高齢者の一般的特徴として①精神障害の有病率が高い，②器質性精神障害なのか機能性精神症なのかの鑑別は難しい，③非定型的な病像が生じやすい，④身体的健康状態や環境状態の影響が大きい，⑤治療薬の副作用が現れやすい，をあげています。①は，加齢によって生物学的な諸機能が低下するため，器質性精神障害の発症が若者に比べて高まりやすくなると考えられます。②や③は高齢者の心理的困難の背景として医学的診断に基づく心理支援の可否や，その程度を判断することの難しさであり，④や⑤は症状を安定的に把握することの難しさを意味するといえるでしょう。また，高齢期に生じる疾患の多くが慢性化するか，ゆっくりと進行するタイプであり，上記の一般的特徴からくる不安を高齢者自身も身近な人々も抱えながら生活していくこととなります。このような観点における臨床心理学的な心理支援の方向性としては，「心のキュア（cure）」というよりは「心のケア（care）」をいかに果たすかが重要となります。

疾患への対応は，手術や薬物療法，あるいは医学的なリハビリテーション（理学療法や作業療法など）とこれらに伴う看護行為がまず必要です。そして，疾患の影響や障害を抱えて生活していくためには，その状態への心理的な適応が必要となります。この心理的適応のプロセスは必ずしも一過性に生じるわけではなく，長い時間をかけて適応を進めていく必要もあるでしょう。また，一旦落ち着いたように見えても再燃することがあります。この再燃を予防するかあるいは影響を最小限に抑えるための心理支援が必要となります。

認知症では，中核的な症状として記憶や学習，推論などにおける認知機能の低下があげられますが，周辺的な症状として**BPSD**（Behavioral and Psychological Symptoms of Dementia；認知症の行動・心理症状）も知られています。これは，たとえば行動症状であれば徘徊や暴力，暴言などであり，心理的症状としては妄想（被害妄想など）や不安，睡眠障害などが該当します。認知症者の日常生活においては，これらBPSDの出現が本人のみならず近親者への負担を高めることとなります。加瀬ら（2012）では，BPSDへの効果的介入を数量的に検討しており，薬物による介入以外に認知症者の社会性や能力の活用，あるいは心理的に落ち着かせる関わりが有効であることを示唆する報告がなされています。認知症者が，心穏やかに，無理のない範囲で社会的交流や活動を維持できる状況を踏まえた心理支援のあり方が求められます。

平均寿命と健康寿命との関係（**図10.4**および**図10.5**）から，人生の最後の10年程度は，日常生活にもそれなりに影響する，何らかの疾患や障害を抱えて生活する高齢者が多くなることがわかります。高齢者の心理支援を行う専門職としては，健康寿命を生きる高齢者の心理支援とともに，影響の大きな疾患や障害を抱えて生活する高齢者の心理支援，さらには人生の終焉に近づいた終末期を生きる高齢者の心理支援について，適切な支援理論と支援技法を身につける必要があります。

10.4 高齢者への臨床心理学的支援で期待されること

10.2 節で述べた通り，日本の高齢者の平均寿命と健康寿命は共に延びています。日本老年学会および日本老年医学会では，2017 年「高齢者の定義と区分に関する，日本老年学会・日本老年医学会　高齢者に関する定義検討ワーキンググループ」において，65〜74 歳を「準高齢者」，75〜89 歳を「高齢者」，90 歳以上を「超高齢者」と区分することを提言しています。一方で，こうした提言に退職制度などの社会制度が追いつくにはしばらくの時間がかかります。また，認知症や脳血管性疾患などの高齢期に生じやすい疾患を早期に発症する場合もあるため，高齢期は若い頃とそれほど違いのない健康度を保ちながら退職年齢となる人，退職年齢までまだ年数があるものの疾患や障害を抱えて生活する人など，健康度の面で幅広く拡がりがある年代といえるでしょう。したがって，臨床心理学的支援においては健康心理学的発想も踏まえた支援のあり方が期待されます。

「高齢者は身体的に衰えやすく，若年世代に依存しなければならない存在である」というような，高齢者へのステレオタイプ的な見方とそれによる差別的対応を**エイジズム**といいます。バトラー（Butler, R. N.）らは，こうした高齢者への見方に対し，「収入のあるなしによらず，社会的に価値のあるモノやサービスを生産する活動」に目を向けて**プロダクティブアクティビティ**（productive activity）と定義しました（中原，2016)。こうした活動を主体的に行い，高齢期を健康に生きるプロセスを**プロダクティブエイジング**（productive aging）と呼んでいます。プロダクティブアクティビティは，高齢者の主観的幸福感や QOL（Quality of Life）などに肯定的な影響を及ぼし得ることが指摘されており（たとえば，岡本，2009)，高齢者の心の健康維持や増進という予防的な支援に結びつけることが可能です。また，10.1 節で示した生涯発達心理学の観点から，高齢者の主体的な心理機能として説明される SOC 理論の考え方を支援に導入することも可能でしょう。

一方で，認知症や高齢期うつ病などへの予防や早期発見のため，第 11 章で取り上げる心理アセスメントの知識や技法をもつ心理専門職として，退職前の人々や地域の高齢者への支援を行うことも可能です。これらの疾患への罹患や，何らかの障害を抱えて生きることになる人々とその近親者に対して，退職後や将来についての不安等に関するカウンセリングやコンサルテーションなどの支援が考慮されることになります。また，医療・福祉機関での継続的ケアが必要な状態にある高齢者に対しては，多職種チームによる包括的なケアに加わり，連携や協働の枠組みが考慮されることになります。さらに，高齢者への終末期ケアにおいては，心をケアする者としていかに「寄り添う」ことが可能かを深く考えることが必要でしょう。この場合，臨床心理学を基軸としながらもそれを乗り越えた多様な視点や発想が，高齢者本人を尊重することにつながるでしょう。たとえば，WHOは2002年に緩和ケアの考え方として，「緩和ケアは，生命を脅かす疾患による問題に直面する患者とその家族に対して，痛みやその他の身体的，心理的，社会的な問題，さらにスピリチュアルな問題を早期に発見し，的確な評価と処置を行うことによって，苦痛を予防したり和らげたりすることでQOLを改善する行為である。」のように示しています。緩和ケアは，がんやエイズなどに罹患した患者を対象として想定する傾向がありますが，高齢者が人生の終焉に向き合っていく際のさまざまな苦痛をいかに軽減できるか，ということは終末期ケアにおいても大きな課題です。また，認知症等によって思考や言語コミュニケーションが失われていく高齢者に「寄り添う」意味も，臨床心理学に他の領域も動員した結果として見出されるのかもしれません。

参考図書

佐藤 眞一・権藤 恭之（編著）（2016）．よくわかる高齢者心理学　ミネルヴァ書房

復習問題

1. 高齢者の心の特徴を「生涯発達心理学」の観点から説明してください。
2. 現代社会において高齢者のおかれた状況についてまとめてください。

コラム 10.1　新型コロナウイルス禍をめぐる人々の「つながり」

2020 年から 2021 年にかけて新型コロナウイルス（SARS-CoV-2）が世界的に猛威を振るい，依然終息はみえてこない状況です。感染症の予防は，他者と物理的な距離を保って接触を極力避けることを基本としています。臨床心理学は人とのコミュニケーションに基づく「つながり」を支援技法として大切にする面もありますので，その意味で他者と物理的距離をとるという価値観をどのように受け入れていくか，悩ましいところです。幸いなことに現代社会ではネットワーク技術が発展し，オンライン経由で映像や音声のやりとりを行うことが比較的容易となっています。したがって，通信環境などの必要な条件が揃えば遠隔での関わりも可能ではあります。

しかし，同じ空間で直接話すことと，オンラインの双方向通信システムを利用して話すこととで何か「リアリティ」の差のようなものを感じることはないでしょうか。感染症との戦いを今後まだまだ続けなければならないのであれば，この「リアリティ」の差を乗り越えて他者との相互理解を弱めないようにする新たな「何か」――それは感覚のようなものかもしれませんが――を身につけていくことになるのかもしれません。

物理的距離を保つことを意味する言葉として，「ソーシャル・ディスタンス（social distance）」あるいは「ソーシャル・ディスタンシング（social distancing）」という言葉が定着しました。この言葉について，ある先生から「『ソーシャル』には集団やグループを含むというニュアンスもあるから，集団同士が距離をとる，つまり関係が希薄あるいは対立的になるかのようなイメージになると嫌ですね」という主旨の話を聞いたことがあります。確かにその通りで，たとえば感染者本人やその家族，あるいは感染者が所属する組織に対して過剰な反応や誹謗中傷が行われたことがありました。また，基礎疾患をもつことが多く，結果として重症化しやすい高齢者層と，比較的軽症に推移しやすい若年層とで自粛の意識が異なることがネット等で過剰に取り上げられたケースもあります。

コロナ禍に入って時間がたつと落ち着いてきた印象もありますが，さまざまな人々とのコミュニケーションによる共生的な「つながり」までもが損なわれてしまわないよう留意していきたいものです。

第11章 高齢者における心理臨床の方法

第10章で述べた通り，高齢者は若い頃と大きな変化なく過ごせる健康度をもって生活している人から，疾患や障害を抱えながら生活している人まで，拡がりをもっています。こうした高齢者の特徴を踏まえて，心理臨床のあり方をどのように考えたらよいでしょうか。この章では，臨床心理学的支援の中核となる心理アセスメントと心理療法的アプローチの方法の観点から考えてみましょう。

なお，**公認心理師法**第42条（連携等）では，「公認心理師は，その業務を行うに当たっては，その担当する者に対し，保健医療，福祉，教育等が密接な連携の下で総合的かつ適切に提供されるよう，これらを提供する者その他の関係者等との連携を保たなければならない。」「公認心理師は，その業務を行うに当たって心理に関する支援を要する者に当該支援に係る主治の医師があるときは，その指示を受けなければならない。」と定められています。また第12章で説明する通り，高齢者ケアでは病院等の専門機関から地域生活レベルでの諸サービスまでを包括的にとらえるケアシステムが確立しています。公認心理師としてのみならず高齢者への専門的な心理支援に携わる者であれば，主治医をはじめ関係する諸機関や施設と十分な連携を維持する必要があります。

11.1 高齢者の心理アセスメントの基本

高齢者の心理アセスメントを考えるとき，第10章で示したように加齢や疾患などによる高齢者の諸機能や能力への影響の幅が大きいため，十分考慮し配慮も尽くして実施される必要があります。加齢や疾患などによる影響があまりなく，若年世代とそれほど変わらない様子であれば，差しあたり心理アセスメントの手続きや内容が，若年世代とまったく違うということはありません。面接・行動観察・心理検査等により，その人らしさや特徴を理解するアセスメントが実施されます。

見た目には十分な能力や機能が保たれているように感じられる高齢者に心理検査を行うと，気になる指標が見出される結果となることもあります。若い世代でもこうしたことは起き得るのですが，筆者の経験では高齢者で顕著にみられることが時折あります。このような状況を見過ごすことなく検討の対象にできることが，アセスメントとしては重要です。「なぜ普段の様子からは予想できない検査結果となったのか」が，その高齢者の特徴の一部を理解するヒントにもなるでしょう。たとえば，その高齢者が周囲の人々と違和感のないコミュニケーションや行動を表面的には維持できるスキルをもっている，という考え方ができるかもしれませんし，10.2 節で述べた社会・文化的背景によるなじみの問題として，その高齢者が心理検査で求められた課題の様式に慣れていないという可能性もあります。こうした可能性を臨床上の**作業仮説**（具体的な心理支援の基盤となる変数間の関連についての暫定的な仮説）として，追加のアセスメントやその後の具体的な心理支援に向けたプランへの反映を行っていけるのです。

加齢による機能や能力の明確な低下が疑われる，あるいは疾患による影響としてこれらの低下が疑われる場合は，心理アセスメントの方法や実施に際しての配慮について事前に十分検討する必要があります。たとえば，知的能力のアセスメントとしてウェクスラー式知能検査などの分量・時間共にそれなりの負担を課すようなものを行うのか，もっと簡便かつ短時間で実施できるものにするのか，ウェクスラー式知能検査でも途中で休憩を入れるなど負担に配慮するのか，といった検討が必要となるでしょう。さらに「難聴がある」「白内障で見えづらい」「脳血管性疾患の影響で手に麻痺がある」といったケースでは，心理検査に限らず面接や行動観察等によるアセスメントにおいても考慮や配慮が必要となります。認知症などによる疾患の影響が大きく高齢者本人とのコミュニケーション自体が困難な場合は，近親者，介護者や看護者への面接や，こうした人々に評定してもらう形式での尺度を用いることもあります。

心理アセスメントでは，対象となる人の個人内特徴，たとえば知覚，認知の

本人の心理アセスメント	関係性のアセスメント	利用サービス等
知的・認知的機能 知的清明さや知覚・認知の諸機能。	**家族や身内** 心理的・物理的親密さなど。	**医療サービス** 診療科や利用頻度，薬の処方状況など。
情動・情緒的機能 感情表出と行動，喜怒哀楽や気分，感じ方など。	**近隣の人々や友人** 親密さ，関与の程度など。	**福祉サービス** 介護サービス等の頻度と内容など。
意欲・意思・信念 行動への動機づけや生きる意思，考え方など。	**支援の専門職** 主治医や介護・看護職との関わりの頻度や親密さなど。	**その他** 定期的に利用しているものやよく行く場所，機関など。

図 11.1　**高齢者の心理アセスメントで必要となる主な情報**

あり方や感情面，知的特徴など，いわゆる人格的特徴に関心が行きがちです。もちろんこれらの把握は重要なアセスメントですが，その人を取り巻く環境的要因も心理支援において十分考慮される必要があります。見守りや介護といったケアが必要となる高齢者の領域では，特にこれらの情報も考慮され，具体的な支援プランにつなげる必要があります。筆者は，**図 11.1** のような内容を基本的なアセスメント情報として考えることがよくあります。

「本人の心理アセスメント」としては，「**知・情・意**」の 3 側面から機能や能力を把握します。「知」は知的機能を指し，知的機能を構成する各認知機能，たとえば記憶や注意，言語，思考といったレベルでのアセスメントを想定します。「情」は感情や情動，情緒に関する機能です。感情の理解や表出，感情を伴う行動などについて特徴を把握していきます。「意」は意欲や意思に関する機能で，信念や考え方の特徴なども含まれます。これらに習慣や趣味趣向，生活歴（教育歴，職歴，家族歴等）などを合わせてその人らしさを明確にしていきます。

「関係性のアセスメント」では，親族を中心とした「家族や身内」，なじみや友人関係としての「近隣の人々や友人」，支援を提供する「支援の専門職」の 3 点から，親密さや関係性などについて関係の量と質を確認します。高齢者の抱える心理的問題がこの関係性から生じている場合があるほか，関係性の中で高齢者を無理なく支えるネットワークの把握にもつながります。

「利用サービス等」は，高齢者本人の行動範囲や行動パターンに関するアセスメントです。医療・福祉サービスの利用状況や頻度は支援ネットワークの把握の一つであり，よく行くなじみの店や寄り合いの会などはその人らしさに関わるとともに，第2次，第3次的な支援ネットワークとして考慮することができるでしょう。これらの情報は福祉職（ワーカー）や保健師により先行して得られている場合も多くあります。高齢者自身の心理機能や能力のアセスメントを心理職が担当し，生活や社会資源の状況，あるいは身体的健康状態の把握は福祉職や保健師がアセスメントし共有することで，包括的なケアへ結びつけていくことも必要です。

11.2　高齢者の心理アセスメントで用いられる心理検査

面接や行動観察に加え，心理アセスメントでは心理検査を用いることもあります。**表 11.1** に高齢者の領域で使用される主要な心理検査を示します。この領域では，認知症や高齢期うつ病といった代表的疾患が高齢者の心に大きく影響します。また，加齢によって脳機能は徐々に低下するため，医療領域における心理支援では知的・認知機能や情動機能をアセスメントする目的での心理検査がよく用いられます。また，特定の認知機能に焦点を絞って詳細に検討する目的で，記憶機能検査や失語症検査などのいわゆる**神経心理学的検査**が実施されることもあります。神経心理学的検査では，測定される反応に関する脳機能と脳の物理的な領域，つまり脳の局在論と関連づけることで，脳画像所見などの医療データを含めた疾患や障害の理解が可能となります。

これに対して，高齢者の地域生活に寄り添う福祉や保健の領域では生活に直結する機能の把握も重要で，生活行動や対人関係など，社会資源の状況をアセスメントする必要があります。**表 11.1** の CDR は認知症の重症度を包括的な視点からアセスメントするものであり，生活上の機能という視点を含む検査であるといえるでしょう。「CDR 判定用ワークシート」についても，目黒

表 11.1　**高齢者領域で使用される主な心理検査**

領域	検査名	概要
知的機能・認知機能	ウェクスラー式成人知能検査（WAIS，最新版は WAIS-Ⅳ）	全般的知的能力を測定する個別式検査であるが，全検査 IQ のほか 4 つの群指数を算出し各機能の差をみることが可能。適用年齢の上限は 90 歳 11 カ月。
	COGNISTAT	11 の領域について評価点を算出し重症度の検討が可能。WAIS に比べると課題の負担は少ない。5 領域の評価からなる簡易版「COGNISTAT Five」もある。
	改訂長谷川式簡易知能評価スケール（HDS-R）	認知症のスクリーニング検査として有名で，とても簡便な言語性知能検査。9 課題に対して 30 点満点で判断する。
	Mini-Mental State Examination（MMSE）日本語版	HDS-R と並び認知症スクリーニング検査として簡便さにおいても有名。11 課題に対して 30 点満点で判断する。図形描画など言語性以外の課題も含む。
	CDT（Clock Drawing Test）	時計を「時」「分」も含めて描画してもらう課題。時計としての描画の具合や長針，短針の正しさなどから評価する。
パーソナリティ・性格	ロールシャッハテスト	10 枚の標準化された図版を見て，その内容や図版上の場所，了解性などからパーソナリティの特徴を検討する投影法検査。
	バウムテスト	木や実の描画を求める投影法検査。基本的に木が自己像を投影しているという仮説に基づき解釈を行う。
	文章完成法テスト（SCT）	「子どもの頃，私は」など文章の出だしのみが記され，そこに続けて書かれる内容から投影的な分析を行う。
	主要 5 因子（ビッグ・ファイブ）性格検査	人の性格特性として安定的であるとされる 5 つの特性についての性格検査。
気分・感情	GDS（Geriatric Depression Scale）	高齢者のうつ状態を自己評価形式で測定する尺度。原版は 30 項目からなるが，15 項目の日本語短縮版がよく使用される。
	POMS（Profile of Mood States）	7 つの広範な気分状態を測定する尺度。現在は第 2 版（POMS2）が使用されている。60 項目版のほか，35 項目の短縮版もある。
認知症評価スケール	CDR（Clinical Dementia Scale）	認知症の症状について，記憶など認知機能そのものだけでなく地域や家庭での活動状況や介護の状態などについて他者評価形式で測定する。

（2004）による詳細な解説があります。

認知症を抱えて生きる高齢者への支援は，重要な今日的課題です。認知症では，記憶機能のみならずさまざまな認知機能が低下，障害されます。ウェクスラー式知能検査は課題自体が難しいこともあり，認知症がある程度明白となった場合はHDS-RやMMSEのような簡便かつ短時間で実施可能なスクリーニング検査を定期的に実施して様子をみていくことも多くあります。特に福祉施設等では，こうした簡便かつ短時間という特徴が日々のケアを妨げない意味で有効という側面もあります。筆者は，高齢者介護施設の心理職として勤務していたとき，HDS-Rと，同じく簡便かつ短時間で実施可能なCDTを中核的な検査バッテリーとして実施していました。その理由としては，HDS-Rが聴覚性の言語課題という側面があったため，課題の性質が少し異なるCDTを導入したということがあります。またCDTをケア会議に活用することで，認知症の影響度に対する直感的な理解を他職種に促す効果もあったと感じています（これについては第12章で詳しく述べたいと思います）。

このように，心理検査は高齢者の能力や実施環境を考慮して選択する必要があります。また，ロールシャッハテストやバウムテスト，SCTなどの投影法検査やGDSのような自己評定式の検査でも，認知症等による認知機能の低下や障害が，検査の反応生成に影響する可能性を十分考慮する必要があります。

さらに，難聴による教示の聞きとりにくさや白内障等による見えにくさ，脳血管性疾患の影響で手指に麻痺がある場合など，身体機能への配慮も想定しておくことが大切です。

心理検査には図11.1の「本人の心理アセスメント」に関するものが多く存在しますが，「関係性のアセスメント」に役立つものもあります。たとえば，八田（1997）は人形を使って関係性をみたい人物を用紙の中心に配置し，関係する人々が周囲のどこに配置されるかによって親密さの程度などを分析する，エゴセントリック（egocentric）なシンボル配置技法によるDLT（Doll Location Test）を開発しました。その他，関係性のアセスメントについては，本ライブラリ第14巻『読んでわかる家族心理学』（相谷ら，2021）にも解説されているので参照してください。

11.3 高齢者への心理療法的アプローチ

心理アセスメントと同様に，高齢者への心理療法として他世代とまったく異なる手法が明確に存在するわけではありません。代表的な精神分析療法，パーソンセンタードアプローチによるカウンセリング，行動療法や認知行動療法あるいは折衷的技法など，心理支援者の志向に応じて実践されています。この領域では支援対象となる高齢者の心身機能や能力の状況を踏まえ，十分に配慮された環境で実施されるべきであり，加えて高齢者と心理支援者との社会・文化的価値観に差がある可能性を踏まえておくことも，時に必要となります。

多くの心理支援者が高齢者よりも年下であるため，いわば「人生の大先輩」である人々の心にふれていくことへの覚悟も必要でしょう。長い人生を懸命に生きてきた結果としての深い悩みを，若い心理職が扱うことになるかもしれません。また，認知症という疾患の重さに「セラピスト」としての意味を見出しにくくなるかもしれません。あるいは病状急変による「死」に直面することも起こり得ます。経験の浅い心理職が，これらのことに動揺し迷いが生じるのは当然のことです。そこで，定期的にスーパービジョン（振り返り）を活用するなどして成長していくことが求められます。

個人心理面接の実施を考えた場合，施設や機関によってはそのような用途を想定しておらず，個室が確保できないことがあります。また，医療機関等においても高齢者本人が身体的不調により面接室へ移動することが難しく，ベッドサイドでの面接になることも想定されます。痛み等の苦痛に配慮して面接時間を短時間で設定することになったり，大部屋などの場合は深い洞察や自己開示は困難になったりします。それでも心理職として目の前の高齢者にどのような心理的ケアを提供することが可能であるか，ということを考え工夫をしていくことが必要です。

認知症や高齢期うつ病といった疾患への配慮と，医療・保健・福祉を包括的に考えて実施されている現在の高齢者ケアシステムへの整合性という点から導入されている「**心理療法的アプローチ**」がいくつか知られています。**表 11.2** に，高齢者を対象として行われる主な心理療法的アプローチとそれぞれの特徴

表 11.2　**高齢者への心理療法的アプローチ**

名称	概要
回想法	回想は大きく２つに分類され，ライフ・レビュー（過去の人生を整理してその意味を探求し，人格の統合を目指そうとする）とレミニッセンス（より広義の回想活動を含み，回想による認知症者の残存機能賦活や情動の安定なども含む）がある（奥村，1998）。比較的多く実施されるのは小グループによる回想法で，回想のきっかけとなる懐かしいものや出来事，たとえば子どもの頃の駄菓子や遊びなどをテーマとして提示し，参加者の回想を促す。
リアリティ・オリエンテーション（RO）	RO は，記憶機能の低下などにより影響を受けやすい現実見当識（季節，日時，場所をはじめとした状況や自分自身に関する把握）に働きかけ，認知機能の維持を図ろうとするもの。「ここはどんなところですか？」「今はどんな季節ですか？」といった問いを繰り返すため，高齢者の自尊心に影響する可能性があること，認知症者の場合には不可逆的な機能障害となっている可能性も考慮し，RO 対象者への事前アセスメントを慎重に行う必要がある。
コラージュ療法	雑誌や広告の写真や挿絵などを切り取り，これらを用紙に貼りつけて表現物を作成する表現療法の一つである。テーマを設定することで導入への難易度を調整することが可能であり，認知症などによって言語コミュニケーションが難しくなった場合でも比較的取り組みやすい手法と考えられる。また，手指の動作を伴うという点において身体的リハビリテーションの要素も含まれる。
音楽療法	音楽療法は音楽を用いて人にさまざまな働きかけを行うもので，音楽による心理療法的な側面も有する。専門資格として「音楽療法士」（詳細は一般社団法人日本音楽療法学会等による案内を参照されたい）があり，心理支援の専門職として音楽療法士の資格ももちながら実践している人もいる。音楽療法は高齢者の情動へ働きかけや回想を促し，歌やリズムで身体運動にも働きかけが可能な点で総合的ケアの側面が大きい。
ダンス（ムーブメントセラピー）	ダンスや動作を用いて心身の不調へアプローチする。専門資格として日本ダンス・セラピー協会による認定資格がある。心理専門職としてダンス（ムーブメントセラピー）を実践している割合は少ないと思われるが，認知症高齢者への実施効果を検討した研究（たとえば，石川ら，2014）も出てきており，総合的ケアの側面も有している点から期待される。
バリデーション療法	認知症の高齢者に対して尊敬と共感をもちながら，認知機能の障害ステージに応じたコミュニケーション技法を提案している（Feil, 1993）。ここでは認知症者の言動に対する背景理解や，認知症者が穏やかにコミュニケーションを継続できるための配慮など心理的ケアの要素が多く含まれている。

を示します。いずれも「個別的介入だけでなく集団的介入が可能であること」「洞察に偏りすぎず表現活動や余暇的活動に近いところでの実践であること」「日常生活場面とのつながりが考慮されていること」「心理支援専門職以外のスタッフが協力可能であること」などが共通の特徴となっています。こうした特徴は，特に認知症による機能低下を前提とした場合，その心にどう働きかけるか，包括的なケアに携わるスタッフ同士でいかに高齢者の心を理解しケアに役立てるか，といったことの反映であるといえるでしょう。また**表11.2**のアプローチが必ず別々に実施されるというわけではなく，たとえば音楽療法やコラージュ療法のセッションにおいて回想法の要素が導入されたり，バリデーションの技法がそれぞれのアプローチにおけるコミュニケーション技法として導入されたりすることがあります。

これらの心理療法的アプローチは，病院のほか，介護やリハビリテーションを目的とした保健・福祉施設のデイケアやデイサービス，地域包括支援センターなどで実施することが可能です。ただし，病院以外の施設や機関で「心理療法室」のような場所が確保されることはほとんどなく，病院においても精神科，精神神経科や心療内科のような科でなければ同様です。このため，リハビリテーションや介護の一環で実施される集団レクリエーションに近い活動の枠組みで考えられることも多くあります。

高齢者ケアの領域で心理職が勤務するケースはまだまだ少なく，複数の心理職でこうした心理療法的アプローチを恒常的に行う機会も現状ではあまり期待できません。そこでこうした活動を多職種チームによるケアとして位置づければ，心理職の役割や機能を見出すことが可能です。**表11.3**に集団レクリエーション活動に心理的ケアを組み入れていく場合，心理職としてどのような関わり方が考えられるかをまとめました。

「1. レクリエーションの場を参加者の臨床心理学的行動観察に活用する」は，心理職がレクリエーションの場で何らかの専門的な心理的ケアを実践するわけではなく，そこでの様子を参考に高齢者への個別理解を深め，心理的ケアの必要性を考えていくという位置づけになります。

「2. レクリエーションに導入可能な心理療法的アプローチの要素を助言す

表 11.3　レクリエーション活動における心理職の関わり方

1. レクリエーションの場を参加者の臨床心理学的行動観察に活用する
レクリエーション中の参加者の行動観察により，個々の高齢者の心理アセスメントを行う。少し離れたところからの観察も参与観察も可能であるが，レクリエーション活動そのものに関与するのとは少し立場が異なる。
2. レクリエーションに導入可能な心理療法的アプローチの要素を助言する（コンサルテーション的）
他職種の実施するレクリエーションに，知覚や認知を賦活する課題や回想法的アプローチなど，心理療法的要素を取り入れたレクリエーションを，なるべく具体的なワークとして提案する。心理的ケアとして意味ある関わり方なども含めてレクチャーする。
3. レクリエーションのコ・ワーカーとして参加者個々への直接的働きかけをする（コラボレーション的）
レクリエーションの進行役やリーダーに合わせてそれぞれのワークに取り組む参加者個々と関わる。ワークの内容に応じてバリデーションなど心理的ケアに関係する関わりを行う。レクリエーションスタッフの一人であると同時に，心理的ケアとなる関わりのモデルを他職種に示すことにもなる。
4. 心理的ケアを主眼としたレクリエーションの進行役やリーダーとして役割を果たす（コラボレーション的）
心理職がプログラムを計画し中心的に進める。参加者個々に対応するコ・ワーカーが他職種の場合は，事前に関わり方などを助言しておく。

る」は，レクリエーションのプログラム作成に心理職として関与する形でレクリエーション活動に間接的な参加をするものです。この場合には心理支援の専門家が，高齢者ケアの専門職としてレクリエーションを実践している人々（介護職など）へコンサルタントとして連携する**コンサルテーション**的アプローチによる役割を果たしているといえるでしょう。

「3. レクリエーションのコ・ワーカーとして参加者個々への直接的働きかけをする」は，あくまでレクリエーションの実施主体は他職種であり，ただし心理職はその活動スタッフとして参加者と直接その場で関わります。面接室で心理職と高齢者がカウンセリングを行うような，いわゆる「守られた」関わりではないので，洞察を促すことや問題の直面化を支えるといったものとは異なりますが，レクリエーションに含まれる心理的ケアを促進させる心理職としての関わり方を工夫し，他職種へのモデルとなることが可能でしょう。これはケアとしてのレクリエーションを共通目的として，領域の異なる専門職が相互作用しながら実践するという意味において**コラボレーション**的アプローチによる役割を果たしているといえるでしょう。

「4. 心理的ケアを主眼としたレクリエーションの進行役やリーダーとして役割を果たす」は，レクリエーション活動に限らず回想法など心理療法的アプローチそのもののプログラムを実践することも含まれます。コ・ワーカーやファシリテーターの一人として他職種が関わり，心理的ケアの意味合いを理解しつつそれぞれの専門性に基づくケアも入れ込んでいくことで，コラボレーション的アプローチの役割を果たすことになります。

なお，こうしたアプローチを複数のスタッフで行う場合，事前および事後の話し合いが非常に大切です。事前には参加予定の高齢者に対する心身の状態を共有し，参加の可否についても検討します。加えて新たに参加する高齢者があ

コラム11.1　さまざまな「心理療法的」アプローチ

表11.2 以外にも，高齢者の心のケアとしてさまざまな手法が提案，実施されています。たとえば，「アニマル・セラピー」「園芸療法」「絵画療法」「化粧療法」などのように，さまざまな活動や趣味・趣向を介在させて高齢者の心に働きかけます。ただし，これらが「心理療法的」であるためには心理職はさまざまな工夫を行わなければならないでしょう。箱庭療法において河合（1982）が指摘する「治療者とクライエントの関係を重視し，それを基礎としてクライエントの作った箱庭作品を尊重する」といったように，高齢者と心理職との関係を介在させるようなことを考えるのか，認知症者へのアプローチとして穏やかな気持ちで活動を楽しめるよう寄り添うのか，などの目的を明確にし，それに沿った工夫が必要でしょう。

特に天田（1997）の指摘する「ルーティーン・ワークの自己目的化」については注意しなければなりません。これは認知症高齢者のケアが，その効果を明確に確認できることが少なく，ルーティーンのケアにおいて質を維持する努力が減って「業務をこなすための行為」になりやすいことを指摘したものです。心理臨床においても心理療法的アプローチの材料を与えるだけであったり，大きな問題なく終えられたという結果だけを気にしたりということではなく，真に「心理療法的」であるかどうかの吟味を常に怠らないよう注意する必要があります。

ればその情報を共有します。座る位置などについても時として考慮が必要になります。その回のプログラム内容の確認と，活動の全体的目標および個別の参加者に特定的な目標があればその確認も行います。事後には振り返りを行い，参加者の様子や今後の改善点や変更点などについて，各専門職の視点からフィードバックと共有を行います。

参考図書

小海 宏之・若松 直樹（編）(2012)．高齢者こころのケアの実践（上）――認知症ケアのための心理アセスメント――　創元社

小海 宏之・若松 直樹（編）(2012)．高齢者こころのケアの実践（下）――認知症ケアのためのリハビリテーション――　創元社

山口 智子（編）(2017)．老いのこころと寄り添うこころ――介護職・対人援助職のための心理学――　改訂版　遠見書房

復習問題

1. 高齢者の心理アセスメントを行う上でどのような側面から情報収集を進めるか，説明してください。
2. 高齢者の心理療法的アプローチとしてどのようなものがあるか，それらの共通点も含めて説明してください。

第12章 高齢者における心理臨床の対応

これまで述べてきたように，高齢者の心理臨床においては疾患や障害の影響がなく加齢による能力や機能の低下も顕著でなければ，基本的な介入方法が若年世代と異なるということはありません。ただし高齢期に生じやすい疾患，特に認知症や脳血管性疾患による心身機能の低下は，高齢者本人のみならず近親者やケア者に大きく影響します。そこで，高齢者への支援はキュア（cure）よりもケア（care）の視点が重要であることから，疾患や障害を抱えて生活することへの継続的なケアとして「地域包括ケアシステム」が策定されています。

本章では，この包括ケアの枠組みから高齢者への心理臨床についての課題と展望を考えていきます。また「多職種チーム」によるケアを念頭において，心理職による心理臨床が果たす役割についても考えていきます。

加えて，疾患や障害を抱えて生きる高齢者のみならず，支援をする家族や介護・看護者などの近親者に生じる心理的負担も大きくなることがあります。心理専門職として，こうした負担に対してどのような支援が可能であるかについても考えていきます。

12.1 地域包括ケアシステムと心のケア

地域包括ケアシステムは，効率的かつ質の高い医療提供体制を構築するとともに，地域における医療および介護の総合的な確保を推進するものです（小野寺，2018）。2000年に介護保険法が施行され，厚生労働省によれば「市町村においては2025年に向けて3年ごとの介護保険事業計画の策定と実施を通して，地域の自主性や主体性に基づき，地域の特性に応じた地域包括ケアシステムを構築していく」（厚生労働省ホームページより）ことになっています。図12.1

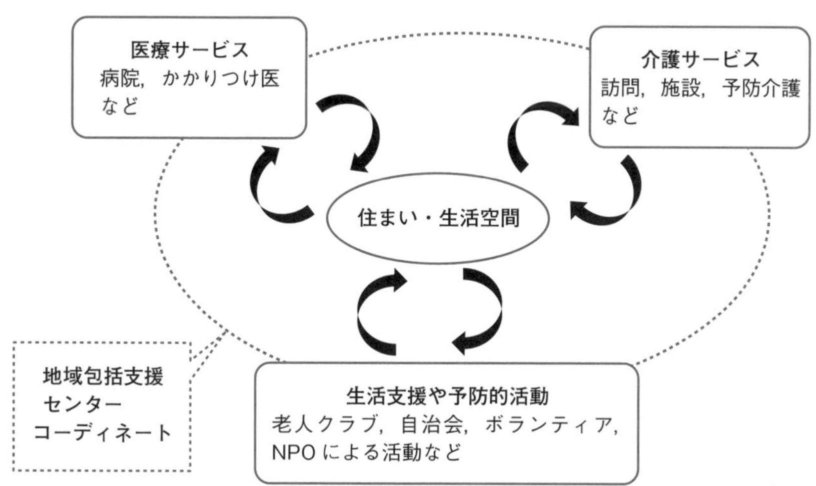

図 12.1　地域包括ケアシステムの概念図（厚生労働省の概念図を筆者が簡略化して作成）

は，厚生労働省の示した地域包括ケアシステムの概念図に基づいて，筆者が作成したものです。この図から，高齢者の地域生活においては医療サービスと介護サービス，および予防的なケアとして高齢者が参加する地域の諸活動も取り入れた包括的システムとしての機能を想定していることがわかります。そして，「地域包括支援センター」は，このシステムを個々の高齢者に適合するよう調整する機能を果たします。介護保険法第 115 条の 39 では，「地域住民の心身の健康の保持及び生活の安定のために必要な援助を行うことにより，その保健医療の向上及び福祉の増進を包括的に支援することを目的とする施設」と定義されています。より具体的には「市町村が設置主体となり，保健師・社会福祉士・主任介護支援専門員等を配置して 3 種類のチームアプローチにより，住民の健康の保持及び生活の安定のために必要な援助を行うことにより，その保健医療の向上及び福祉の増進を包括的に支援すること」（厚生労働省ホームページより）としています。

この地域包括ケアシステムにおいて，心理職等による心理臨床実践は病院等での医療サービスの一つとして，また介護サービスの領域では高齢者介護施設等での福祉的ケアの一つとしてすでに行われています。ただし，高齢者への心理支援領域で恒常的に心理臨床実践を行っている心理職は，他領域に比べてまだまだ少ないのが現状です。医療サービスや介護サービスのみならず，予防的な支援の視点からも地域の自治的組織やNPO法人などと連携して活動する心理職が増えていくことが望まれます。さらに，地域包括支援センターにおいてもその役割が「地域住民の心身の健康の保持」にあることから，心理支援の専門職が決して不必要なわけではなく，これまでこの領域に関わる心理職がほとんどいなかったこともあり，発想自体が生じにくかったと考えるのが適当と思われます。心理職初の国家資格である公認心理師が誕生して養成が始まっていることから，地域支援の機関である児童相談所において児童心理司が配属されるのと同様に，地域包括支援センターへ心理支援の専門職が配属される機会も増えていくものと期待されます。

また，独居高齢者の増加は孤立や孤独などによる精神的健康へのリスクを高めるほか，認知症の**BPSD**（Behavioral and Psychological Symptoms of Dementia；認知症の行動・心理症状）には薬物療法による管理のみならず非薬物的な対応も必要なため，行動や心理に関するアセスメントと心理療法的アプローチについての知識と技法を有する心理支援専門職が貢献できる領域であるといえます。今後，公認心理師や臨床心理士の養成カリキュラムにおいても，高齢者領域での心理臨床に必要な知識と技法を学ぶ機会が増えていくことを期待したいところです。

12.2　多職種チームによるケア

現代の多くの職業において，「チーム」として機能できる資質や能力が求められています。医療や福祉の現場でも同様で，この領域では国家資格を有する多くの専門職が活動することから，「**多職種チーム**」としてそれぞれの専門性を発揮することが求められています。渡辺（2017）は，高齢者介護施設の多職種チームにおける心理的ケアについて，他職種の活動に含まれる心理的ケアの意味合いを浮かび上がらせる**コンサルテーション**を心理専門職として実施することや，レクリエーション活動などを心理専門職も含む多職種で行ってそれぞ

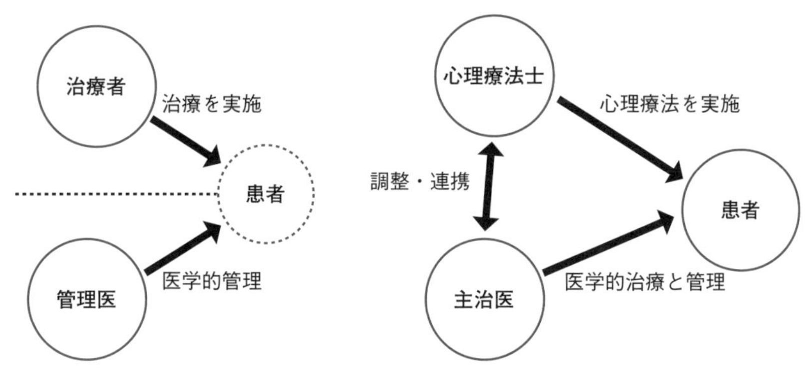

図 12.2　A-T スプリット（左）と DPP 三角（右）

れの専門性を生かしていく**コラボレーション**活動が可能であることを指摘しています。個別の心理アセスメントや心理支援の知識と技法を土台としつつ，こうした他職種との連携や協働を作り上げ進めていく態度の形成が求められるでしょう。

チーム医療において他職種とのチームのあり方としては**A-T スプリット**や**DPP 三角**が知られています（図 12.2）。図 12.2 の示す A-T スプリットは管理医（Administrator）と治療者（Therapist）が治療構造として役割を分担するという意味で連携する考え方を示したもので，DPP 三角は主治医（Doctor），心理療法士（Psychotherapist），患者（Patiant）の三者関係で，主治医は患者に対して医療的マネジメントを，心理療法士は心理療法を行い，主治医と心理療法士の間で連携しながら実践することを説明するモデルです（小此木ら，1998）。これらはあくまでも心理職と管理医の二者関係を中心に考えたチームであり（渡辺，2017），高齢者支援領域のように多数の対人援助専門職が関わる包括的ケアにおいては，もう少し広範囲かつ柔軟なチームのモデルのほうが適切です。

たとえば菊地（1999）は，チームにおける役割解放性の次元と協働・連携性の次元から，表 12.1 に示す通り救急医療チームのような最小限の連携で各専門職の役割を最大限に発揮する「マルチディシプリナリー・モデル（multi-disciplinary model）」，在宅ケアチームのような各専門職が固有の役割を果たし

表12.1 **菊地(1999)による多職種チームのモデル**
(菊池(1999)の分類をまとめた渡辺(2017)の表を引用)

マルチディシプリナリー・モデル	チームに課せられた人命に関わる可能性がある緊急な課題を達成するため,しばしば1人の人物の指示により,チーム内で与えられた専門職としての役割を果たすことに重点を置いたチームの機能方法。
インターディシプリナリー・モデル	チームに課せられた複雑な,しかし緊急性がなく直接人命に関わることが少ない課題を達成するために,各専門職が協働・連携してチームの中で果たすべき役割を分担した機能方法。
トランスディシプリナリー・モデル	チームに課せられた課題を達成するために,各専門職がチームの中で果たすべき役割を,意図的・計画的に専門分野を越えて横断的に共有した機能方法。

ながら協働・連携を最大限に活用する「インターディシプリナリー・モデル(interdisciplinary model)」,生活機能リハビリテーションに関する活動のような,専門職が意図的かつ計画的に役割を解放し協働・連携を図っていく「トランスディシプリナリー・モデル(transdisciplinary model)」として分類を行っています。

また,篠田(2011)では,医師に情報が集約され指示や連絡が他の医療専門職へ行われる連携を中核とする「連絡モデル」,患者や家族および関わりの強い専門職をコアチームとし,これを支援する他の専門職をアソシエイトチームとして,これらのチーム内およびチーム間の連携・協働を維持する「連携・協働モデル」,地域包括ケアのように医療サービス,福祉サービスや地域活動などでそれぞれチーム支援が実践されている場合,これらすべてを1つのチームとすると規模が大きすぎるため,各チーム間をネットワークと考えて連携情報を管理する「ネットワークモデル」をあげています。

これらのモデルは,医療や福祉サービスのどの段階で優勢なモデルとなるか,ある程度判断が可能です。緊急性を要し専門職が揃っている現場では,指揮命令が短時間で与えられ,各専門職が担うべき役割に専念できることが必要です。したがって,「マルチディシプリナリー・モデル」や「連絡モデル」が適しているでしょう。一方,デイケア,デイサービスや在宅ケアにおいては,各専門職の実践が同じ空間で行われることも多く，効率的で整合性をもったケアの必要性が高いでしょう。また，患者・利用者や家族のニーズを反映したケアも重要です。このような点から，「インターディシプリナリー・モデル」「トランスディシプリナリー・モデル」や「連携・協働モデル」との適合性が高くなります。そしてより広範囲な視点から各サービス間の連携や整合性を検討したり，情報集約やキーパーソンとなる人物や機関の確認などは「ネットワークモデル」が適しているといえます。

高齢者への心理臨床を地域包括ケアシステムの枠組みで実践する場合には，こうした多職種チームの観点から自らがどのようなチームモデルのどこに位置づけられるのかを考えてみると，チームでの役割や効果的な行動について理解できるでしょう。ただし，チームの役割に徹するあまり，自らが支援する高齢者の個人的な思いやニーズから離れてしまうことのないよう気をつけなければなりません。こうした思いやニーズを理解し，可能な限りチームケアに反映されるよう伝えていく発言力も時に必要であると思われます。

12.3　高齢者とその近親者を支えること

高齢者が認知症をはじめとするさまざまな疾患や障害を抱えて生きる際，介護等を担う近親者の存在が重要となります。この役割は心理面・身体面共に大きな負担を強いられることも多く，特に近年，社会的な課題ともなっている「老老介護」において高リスクとなります。心理支援の観点からは介護を受ける本人への心理的ケアと，介護を行う近親者への心理的ケアの両面に気を配る態度が重要です。近親者には介護を受ける本人の心のありようについて理解を深める働きかけや，介護者としての義務感のようなものを強くもちすぎないよう，たとえばおかれた立場や役割についての見方や考え方を柔軟にしたり，無理のない「気晴らし」行動を見出すよう働きかけたりすることが可能です。

ただし，心理支援者が過剰な「共感できる」態度や介護者へのはげましの言葉を投げかけるのは適切ではありません。渡辺（2005）は介護者へ関わるときの心構えとして，介護者を前にしたときにわかろうという努力もするがわからないこともたくさんあるという事実を認識しなければならないこと，安易な言葉や安っぽいはげましは介護者の心に響かないこと，介護者が自分なりに考え努力してきた生活を尊重し敬意や尊敬を払う気持ちが大切であること，をあげています。また，介護者が周囲から孤立し，心を閉ざした状態になっていることもあります。こうした場合，心理支援者として受け入れてもらうには少し時間がかかることも踏まえ，ちょっとした言葉がけから始めて徐々に気持ちの吐露へと結びつくよう寄り添っていく態度が必要となります。

介護を要する高齢者が亡くなることにより，介護者は死別を経験します。介護者が配偶者であれ，あるいは子どもであれ孫であれ，愛する人と二度と会えなくなる喪失感や悲哀感，場合によっては怒りなどを経験します。精神分析では，こうした愛着ある親密な他者を失う経験を「**対象喪失**」(小此木，1979)，対象を失ったことによる混乱や悲しみ，時には怒りなどの体験を経て心理的な再建や受容に至るプロセスを「モーニングワーク（喪の作業)」と呼んでいます。多くの介護者はこのプロセスをうまく乗り越えて新たな生活へと移行していきますが，うつ状態や身体的不調などが長引く場合もあります。こうした介護経験者に寄り添い支えていくことも，高齢者領域における心理臨床の重要な役割です。

高齢者のケアを行う病院や施設の介護職や看護職等についても，心身の負担は大きいことでしょう。対人援助職の職務内容は「感情労働」という側面をもち，バーンアウト（燃え尽き症候群）のリスクをもっていることが指摘されています（たとえば，久保，2011)。心理支援の専門職として，他職種へケアの対象となる高齢者の心の理解を深める働きかけや，自身の精神的健康に留意する働きかけを行うことで，他職種の負担軽減に貢献することも可能でしょう。

ただし，この場合に心理職が他職種の精神的健康を管理する立場であるかのような態度にならないよう，心がけなければなりません。どの専門職も自らの健康管理を大前提として実践を行えるようトレーニングを受けているはずで，このことが専門職の自尊心にも関わることであるからです。心理職が「チーム」の一員として高齢者ケアを行うのであれば，まずは協働や連携の枠組みで相互の負担軽減を検討していくことが求められるでしょう。

A さんの CDT。時刻は 10 時 10 分を教示。

B さんの CDT。時刻は 8 時 20 分を教示。

図 12.3　高齢者介護保健施設で実施された CDT の結果

筆者の実践例を一つあげておきます。高齢者介護保健施設で心理職として勤務していたとき，ある認知症の高齢者 A さんについて，その行動が介護職員にとっては問題行動として認識され，「A さんは（認知症のために起こしているというよりは）わざとやっているのではないか」と思われたことがありました。A さんはコミュニケーションが比較的良好な人で，問題行動ととらえられたところ以外はあまり心配のないレベルであったためです。ただし，この問題行動は頻度が多めだったため，介護職員は手を煩わされている様子でイライラした雰囲気が伝わってきました。A さんの HDS-R（改訂長谷川式簡易知能評価スケール）の結果は軽度～中等度の認知症水準が疑われる結果でしたが，この内容を介護職に伝える以上に A さんへの理解と配慮の意識を高めたのは CDT（時計描画テスト）でした。図 12.3 に A さんの描いたものと，比較のため HDS-R で同程度の結果となった同じく認知症の高齢者 B さんの描いたものを示します。

介護職は必ずしもこうした神経心理学的検査の解釈を学んでいるわけではありませんので，ケア会議で HDS-R などを数値的に説明するだけであったり，認知的な機能の専門的な話だけであったりでは実感しにくいところがあります。一方，CDT は普通であればほとんどの人が描ける内容であるため，時刻が違っている程度であればともかく，A さんの結果から直感的に障害の重さを感じることができたのではないかと考えています。この直感的な気づきがあることを前提として，CDT に示された結果や HDS-R などの他の心理検査所見も用いた心理職からの情報提供が，介護職にもスムーズに受け止められていったように思います。

なお，CDTの評価についてはまだ統一されたものがない状態です。検査バッテリーとしての活用法としては，シャルマンとファインスタイン（Shulman & Feinstein, 2003）などがあります。また，Aさんの描いた時計と同様なパターンは河野（2002）によるCDTの描画内容に関する分類にも示されており，認知症の高齢者で描かれるパターンの一つということもいえそうです。いずれにせよこの例で強調したいことは，Aさんに対する他職種のイライラ軽減に効果があったと思われるアプローチを，無理のないやり方で実施できたということです。HDS-Rの結果に基づいて認知機能の問題を専門用語を並べ立てながらケア会議で説明しただけであれば，介護職にとっては不明感ばかりであったでしょうし，他職種からの高圧的な説明と思われたかもしれません。時計の描画内容を見て障害の重さを直感的に感じ，Aさんへの理解や配慮への気づきが主体的になされたことが重要だということです。

参考図書

篠田 道子（2011）．多職種連携を高めるチームマネジメントの知識とスキル　医学書院

復習問題

1. 地域包括ケアシステムについて特徴をまとめ，心理職が活躍可能な役割について説明してください。
2. チームのモデルについてまとめてください。

コラム 12.1 「面接室モデル」を大切にしながら地域へ出て行くということ

心理職にとっては，面接室において心理検査と心理面接を中心とした心理支援を行うのが一つの形式といえます。スクールカウンセラー派遣事業は，地域の学校へ出向いていくという意味において，この「面接室モデル」を変える転換点になったといえます。日本臨床心理士資格認定協会では，臨床心理士の4つの業務として「臨床心理査定」「臨床心理面接」「臨床心理的地域援助」「（これらに関する）調査・研究活動」をあげていますが，「臨床心理的地域援助」への関心はスクールカウンセラー派遣事業が始まった後に大きくなってきたと思われます。

しかしながら，スクールカウンセラーにおいても派遣先の学校の一室において面接を中心とした心理支援が基本であることに変わりはありません。一方で，地域包括ケアシステムでは在宅から病院や施設で生活する高齢者までが対象となります。「地域へ出て行く」とはこの場合，高齢者が日々生活する自宅空間へ出向いていくことまでを含みます。では，「面接室モデル」に基づくトレーニングを受けてきた私たちはこの領域でどのように考えて活動すればいいでしょうか。

心理学は，その土台に自然科学的な実証的態度も含んでいます。面接室で心を扱う理由は，クライエントのプライバシー保護のほか，条件統制としての外的な剰余変数を極力排除し，クライエントの心の動きを純粋にとらえていくこともあるでしょう。それと関連して，体験の「非日常性」を保ち面接者とクライエントの関係性を守る役割も果たします。面接についてのこのような考え方は臨床心理学に独自なものであり専門性にもつながりますから，「地域へ出て行く」心理職であるからといってこの「面接室モデル」の価値観を捨て去るべきではありません。普段はしまっておいても，いざというときにこの価値観を可能な限り発揮できることが必要で，そのためにはトレーニングの段階で面接室での技能や心理検査の技能を実用に耐え得るまで身につけておく必要があります。

復習問題解答例

第１章

1. 1.1 節を参照して日本の子どもたちを取り巻く現状を説明する。
2. 1.2 節を参照して学校心理学について説明する。
3. 1.3 節を参照して教育相談コーディネーターについて説明する。

第２章

1. 2.2 節を参照して来談者中心療法について説明する。
2. 2.4 節を参照してブリーフセラピーについて説明する。
3. 2.5 節を参照して認知行動療法について説明する。
4. 2.7 節を参照してマイクロカウンセリングについて説明する。

第３章

1. 3.1 節を参照して参照してアセスメントについて説明する。
2. 3.4 節を参照してピアサポートについて説明する。
3. 3.5 節を参照して PBIS について説明する。
4. 3.6 節を参照して SEL について説明する。

第４章

1. p.68～71 を参照のこと。

第５章

1. 本文を参照のこと。

第６章

1. 本文を参照のこと。

第７章

1. 7.1 節と 7.2 節を参照して心理査定の相違点をまとめる。
2. 7.2 節を参照して遊戯療法と家族療法の特徴を説明する。

3. 7.4 節を参照して緩和ケアのカウンセリングについて説明する。

第8章

1. 8.1 節を参照して病院における心理査定の意味について説明する。
2. 8.2 節を参照して査定面接や心理検査での基本的な態度について説明する。
3. 8.2 節を参照してテスト・バッテリーの意味について説明する。
4. 8.3 節を参照して小児科での子どもの心理査定について説明する。
5. 8.4 節を参照して心理査定をまとめるにあたって注目すべき点について述べる。

第9章

1. 9.1 節を参照してうつ病・うつ反応の特徴について説明する。
2. 9.1 節を参照してうつ病・うつ反応の心理療法について説明する。
3. 9.2 節を参照して起立性調節障害の特徴について説明する。
4. 9.3 節を参照して心身症の心理療法について説明する。

第10章

1. 10.1 節を参照して説明する。
2. 本文を参照してまとめる。

第11章

1. 11.1 節を参照して説明する。
2. 11.3 節を参照して説明する。

第12章

1. 12.1 節を参照して説明する。
2. 12.2 節を参照してまとめる。

引用文献

第 1 章

芦崎 治（2009）．ネトゲ廃人　リーダーズノート

Campbell, C. A., & Dahir, C.（1997）．*The national standards for school counseling programs.* Alexandria, VA: American School Counselor Association.
（キャンベル，C.・ダヒア，C. 中野 良顯（訳）（2000）．スクールカウンセリングスタンダード――アメリカのスクールカウンセリングプログラム国家基準――　図書文化社）

今西 一仁・金山 健一（2017）．「チームとしての学校」に向けた校内支援体制づくり――システム・サイクル・コーディネーターに焦点を当てて――神戸親和女子大学大学院研究紀要，*13*，51-62.

石隈 利紀（1999）．学校心理学――教師・スクールカウンセラー・保護者のチームによる心理教育的援助サービス――　誠信書房

河村 茂雄・武蔵 由佳（2008）．一学級の児童生徒数と児童生徒の学力・学級生活満足度との関係　教育カウンセリング研究，*2*（1），8-15.

厚生労働省（2017）．平成 28 年国民生活基礎調査の概況　厚生労働省　Retrieved from https://www.mhlw.go.jp/toukei/saikin/hw/k-tyosa/k-tyosa16/dl/16.pdf

厚生労働省（2020）．令和元年児童虐待防止対策　児童相談所での児童虐待相談対応件数　厚生労働省　Retrieved from https://www.mhlw.go.jp/content/000696156.pdf

栗原 慎二（編著）（2017）．マルチレベルアプローチ――だれもが行きたくなる学校づくり日本版包括的生徒指導の理論と実践――　ほんの森出版

教育相談等に関する調査研究協力者会議（2017）．児童生徒の教育相談の充実について（報告）　文部科学省　Retrieved from https://www.mext.go.jp/component/b_menu/shingi/toushin/__icsFiles/afieldfile/2017/07/27/1381051_2.pdf

文部科学省（2002）．通常の学級に在籍する特別な教育的支援を必要とする児童生徒に関する全国実態調査　文部科学省　Retrieved from https://www.mext.go.jp/b_menu/shingi/chousa/shotou/054/shiryo/attach/1361231.htm

文部科学省（2011）．生徒指導提要　教育図書

文部科学省（2012a）．平成 23 年度「児童生徒の問題行動等生徒指導上の諸課題に関する調査」について　文部科学省　Retrieved from https://www.mext.go.jp/b_menu/houdou/24/09/__icsFiles/afieldfile/2012/09/11/1325751_01.pdf

文部科学省（2012b）．通常の学級に在籍する発達障害の可能性のある特別な教育的支援を必要とする児童生徒に関する調査結果について　文部科学省　Retrieved from https://www.mext.go.jp/a_menu/shotou/tokubetu/material/__icsFiles/afieldfile/2012/12/10/1328729_01.pdf

文部科学省（2020）．令和元年度児童生徒の問題行動・不登校等生徒指導上の諸課題に関す

る調査結果について　文部科学省　Retrieved from https://www.mext.go.jp/content/20201015-mext_jidou02-100002753_01.pdf

文部科学省学校経営研究会（1998）．学級経営の充実に関する調査研究（中間まとめ）　文部科学省教育課程課・幼児教育課（編）初等教育資料，*712*，117-146.

文部省（1981）．生徒指導の手引――生徒指導資料　第1集――　改訂版　大蔵省印刷局

内閣府（2016）．若者の生活に関する調査報告書　内閣府　Retrieved from https://www8.cao.go.jp/youth/kenkyu/hikikomori/h27/pdf-index.html

内閣府（2018）．生活状況に関する調査　内閣府　Retrieved from https://www8.cao.go.jp/youth/kenkyu/life/h30/pdf-index.html

日本学校心理士会（編）石隈 利紀・大野 精一・小野瀬 雅人・東原 文子・松本 真理子・山谷 敬三郎・福沢 周亮（責任編集）（2016）．学校心理学ハンドブック――「チーム」学校の充実をめざして――　第2版　教育出版

大野 精一（1997）．学校教育相談――理論化の試み――　ほんの森出版

大野 精一（2002）．ASCAとの連携・協働に向けて「ASCAとのパートナーシップ――序にかえて――」　学校教育相談研究，*12*，61-109.

尾崎 米厚（研究代表者）（2018）．飲酒や喫煙等の実態調査と生活習慣病予防のための減酒の効果的な介入方法の開発に関する研究　鳥取大学医学部　Retrieved from https://www.med.tottori-u.ac.jp/files/45142.pdf

拓植 雅義（2013）．特別支援教育――多様なニーズへの挑戦――　中央公論新社

Young, K. (1996). *Internet addiction: The emergence of a new clinical disorder.* Paper presented at the 104th annual meeting of the American Psychological Association.

Young, K. (1998). *Caught in the net: How to recognize the signs of internet addiction, and a winning strategy for recovery.* John Wiley & Sons.

全国連合小学校校長会（2006）．学級経営上の諸問題に関する現状と具体的対策の調査

第2章

アイビイ，A. E.　福原 真知子・椙山 喜代子・國分 久子・楡木 満生（編訳）（1985）．マイクロカウンセリング――“学ぶ―使う―教える”技法の統合：その理論と実際――　川島書店

Beck, A. T., Rush, A. J., Shaw, B. F., & Emery, G. (1979). *Cognitive therapy of depression.* New York: Guilford.

Clark, D. A., Beck, A. T., & Alford, B. A. (1999). *Scientific foundations of cognitive theory and therapy of depression.* New York: Wiley.

福原 眞知子・アイビイ，A. E.・アイビイ，M. B.（2004）．マイクロカウンセリングの理論と実践　風間書房

Glasser, W. (1999). *Choice theory: A new psychology of personal freedom.* New York: Harper Perennial.

（グラッサー，W.　柿谷 正期（訳）（2003）．グラッサー博士の選択理論――幸せな人間

関係を築くために―― アチーブメント出版）

石隈 利紀（1999）．学校心理学――教師・スクールカウンセラー・保護者のチームによる心理教育的援助サービス―― 誠信書房

金山 健一（2018）．大野 精一・藤原 忠雄（編著）学校教育相談の理論と実践――学校教育相談の展開史，隣接領域の動向，実践を踏まえた将来展望―― あいり出版

金山 健一（2000）．中野 武房（編著）学校教育相談がわかる本 ぎょうせい

國分 康孝（1980）．カウンセリングの理論 誠信書房

久能 徹・末武 康弘・保坂 亨・諸富 祥彦（2006）．改訂 ロジャーズを読む 岩崎学術出版社

宮田 敬一（編）（1997）．解決志向ブリーフセラピーの実際 金剛出版

ロージァズ，C. R. 佐治 守夫（編）友田 不二男（訳）（1966）．カウンセリング 改訂版 岩崎学術出版社

Rogers, C. R.（1942）. *Counseling and psychotherapy : Newer concepts in practice*. Houghton Mifflin.

（ロジャーズ，C. R. 末武 康弘・保坂 亨・諸富 祥彦（訳）（2005）．カウンセリングと心理療法――実践のための新しい概念―― 岩崎学術出版社）

友田 不二男（1996）．カウンセリングの技術――クライエント中心療法による―― 誠信書房

Walter, C. A., & Lenox, R. A.（1994）. A concurrent（versus stage）model for conceptualizing and representing the counseling process. *Journal of Counseling and Development*, *73*（1）, 17–22.

第３章

バーンズ 亀山 静子（2013）．アメリカの学校の現状から――多重支援モデル―― 臨床心理学，*13*（5），614–618.

Bronfenbrenner, U.（1979）. *The ecology of human development: Experiments by nature and design*. Cambridge, MA: Harvard University Press.

（ブロンフェンブレンナー，U. 磯貝 芳郎・福富 護（訳）（1996）．人間発達の生態学（エコロジー）――発達心理学への挑戦―― 川島書店）

Carr, R. A.（1984）. *The theory and practice of peer counselling*. Victoria, BC: Peer Resources.

堀 裕嗣（2015）．スクールカーストの正体――キレイゴト抜きのいじめ対応―― 小学館

兵庫県青少年本部（2020）．令和元年度「ケータイ・スマホアンケート」及び「インターネット夢中度調査」結果 兵庫県青少年本部 Retrieved from https://seishonen.or.jp/honbu/wp-content/uploads/2020/01/2019sumahoresult.pdf

池島 徳大・松山 康成（2014）．学級における規範意識向上を目指した取り組みとその検討――“PBIS プログラム”を活用した開発的生徒指導実践―― 奈良教育大学教職大学院研究紀要 学校教育実践研究，*6*（1），21–29.

石井 眞治・井上 弥・沖林 洋平・栗原 慎二・神山 貴弥（編著）（2009）．児童・生徒のための

学校環境適応ガイドブック——学校適応の理論と実践——　協同出版
石隈 利紀（1999）．学校心理学——教師・スクールカウンセラー・保護者のチームによる心理教育的援助サービス——　誠信書房
石隈 利紀（2006）．寅さんとハマちゃんに学ぶ助け方・助けられ方の心理学——やわらかく生きるための6つのレッスン——　誠信書房
春日井 敏之・西山 久子・森川 澄男・栗原 慎二・高野 利雄（編著）（2011）．やってみよう！ピア・サポート——ひと目でポイントがわかるピア・サポート実践集——　ほんの森出版
河村 茂雄（2007）．データが語る①学校の課題——学力向上・学級の荒れ・いじめを徹底検証——　図書文化社
河村 茂雄（2000）．Q-U 学級満足度尺度による学級経営コンサルテーション・ガイド——代表的なパターンによる学級集団の状態の理解と具体的な対応策——　図書文化社
小泉 令三（2011）．社会性と情動の学習（SEL-8S）の導入と実践　ミネルヴァ書房
國分 康孝（1981）．カウンセリングの理論　誠信書房
栗原 慎二（編著）（2018）．PBIS 実践マニュアル & 実践集——ポジティブな行動が増え，問題行動が激減！——　ほんの森出版
栗原 慎二（2020）．教育相談コーディネーター——これからの教育を創造するキーパーソン——　ほんの森出版
栗原 慎二・井上 弥（編著）（2010）．アセス（学級全体と児童生徒個人のアセスメントソフト）の使い方・活かし方　ほんの森出版
Meyer, A., Rose, D. H., & Gordon, D.（2014）．*Universal design for learning: Theory and practice.* Cast Professional.
文部科学省（2012）．「通常の学級に在籍する特別な教育的支援を必要とする児童生徒に関する調査」協力者会議　文部科学省　Retrieved from https://www.mext.go.jp/b_menu/shingi/chousa/shotou/089/
文部科学省（2020）．令和元年度児童生徒の問題行動・不登校等生徒指導上の諸課題に関する調査結果について　文部科学省　Retrieved from https://www.mext.go.jp/content/20201015-mext_jidou02-100002753_01.pdf
森川 澄男（監修）菱田 準子（2002）．すぐ始められるピア・サポート指導案 & シート集　ほんの森出版
諸富 祥彦（編集代表）黒沢 幸子・金山 健一（編）（2011）．チャートでわかるカウンセリング・テクニックで高める「教師力」2——気になる子と関わるカウンセリング——　ぎょうせい
内閣府（2017）．低年齢層の子供のインターネット利用環境実態調査　内閣府　Retrieved from https://www8.cao.go.jp/youth/youth-harm/chousa/net-jittai_child.html
内閣府（2019）．平成30年度 青少年のインターネット利用環境実態調査　内閣府　Retrieved from https://www8.cao.go.jp/youth/youth-harm/chousa/h30/net-jittai/pdf-index.html
中野 武房・森川 澄夫（編）（2009）．現代のエスプリ 502　ピア・サポート——子どもとつく

る活力ある学校―― ぎょうせい

総社市教育委員会（2015）．誰もが行きたくなる学校づくり入門　総社市　Retrieved from https://www.city.soja.okayama.jp/data/open/cnt/3/5381/1/dareyuki_nyumonhen_2015_gashitsu_up.pdf?20160120145826

Sugai, G., Horner, R. H., Dunlap, G., Hieneman, M., Lewis, T. J., Nelson, C. M., ... Ruef, M. (2000). Applying positive behavior support and functional behavioral assessment in schools. *Journal of Positive Behavior Interventions, 2* (3), 131–143.

鈴木 翔（2012）．教室内（スクール）カースト　光文社

Thompson, M., Grace, C. O., & Cohen, L. J. (2001). *Best friends, worst enemies: Understanding the social lives of children*. New York: Ballantine Books.

（トンプソン，M.・グレース，C. O.・コーエン，L. J. 坂崎 浩久（訳）（2003）．子ども社会の心理学――親友・悪友・いじめっ子―― 創元社）

Young, K. S. (1996). *Internet addiction: The emergence of a new clinical disorder*. Paper presented at the 104th annual meeting of the American Psychological Association.

第４章

母子愛育会愛育研究所（編）（2019）．日本子ども資料年鑑 2019　KTC 中央出版

厚生労働省（2017）．公認心理師法概要　厚生労働省　Retrieved from https://www.mhlw.go.jp/file/06-Seisakujouhou-12200000-Shakaiengokyokushougaihokenfukushibu/0000116068.pdf（2020 年 3 月 31 日閲覧）

大迫 秀樹（2018）．社会福祉の展開と心理支援　野島 一彦・繁桝 算男（監修）中島 健一（編）福祉心理学　遠見書房

高橋 美保（2017）．臨床心理学へのいざない　太田 信夫（監修）高橋 美保・下山 晴彦（編）臨床心理学　北大路書房

全国社会福祉協議会中央福祉人材センター　福祉の職種とは？　福祉のお仕事　Retrieved from https://www.fukushi-work.jp/work/detail.html?id=3&did=1（2020 年 3 月 31 日閲覧）

第５章

厚生労働省（2021）．令和 2 年度児童相談所での児童虐待相談対応件数〈速報値〉　厚生労働省　Retrieved from https://www.mhlw.go.jp/content/000824359.pdf（2021 年 8 月 21 日閲覧）

高橋 依子・津川 律子（編）（2015）．臨床心理検査バッテリーの実際　遠見書房

津川 律子・遠藤 裕乃（編）（2019）．心理的アセスメント　遠見書房

第６章

厚生労働省（2019）．社会的養育の推進に向けて　厚生労働省　Retrieved from https://www.mhlw.go.jp/content/000474624.pdf（2020 年 3 月 31 日閲覧）

厚生労働省　児童相談所の運営指針について：図表　厚生労働省　Retrieved from https://

www.mhlw.go.jp/bunya/kodomo/dv-soudanjo-kai-zuhyou.html（2020 年 3 月 31 日閲覧）
厚生労働省　障害者手帳　厚生労働省　Retrieved from https://www.mhlw.go.jp/stf/seisakunitsuite/bunya/hukushi_kaigo/shougaishahukushi/techou.html（2020 年 3 月 31 日閲覧）
滝川 一廣・髙田 治・谷村 雅子・全国情緒障害児短期治療施設協議会（編）(2016)．子どもの心をはぐくむ生活――児童心理治療施設の総合環境療法――　東京大学出版会

第７章

馬場 禮子（1998）．心理臨床からみた精神神経科　山中 康裕・馬場 禮子（編）病院の心理臨床（pp.131-138）　金子書房
平川 忠敏（2004）．終末医療（死の臨床）におけるカウンセリング　小林 重雄（監修）小林重雄・古賀 靖之（編著）医療臨床心理学（pp.189-192）　コレール社
伊東 眞里（1996）．心身症と教育臨床　高木 俊一郎（編著）教育臨床序説――総合人間学的アプローチへの挑戦――(pp.79-106)　金子書房
村部 妙美・伊藤 幸江・宮下 真知子（1989）．重度慢性欠陥分裂病患者へのグループ的試み　日本心理臨床学会第 8 回大会抄録
日本心身医学会教育研修委員会（編）(1991)．心身医学の新しい診療指針　心身医学，*31*, 537-573.
下山 晴彦（2017）．チーム医療において活躍できる公認心理師教育に向けて　精神療法，*43*, 7-9.
杉村 省吾（2004）．臨床心理学と小児科領域　大塚 義孝・岡堂 哲雄・東山 紘久・下山 晴彦（監修）大塚 義孝（編）病院臨床心理学（pp.257-271）　誠信書房
田中 千穂子（1998）．小児科における心理療法　山中 康裕・馬場 禮子（編）病院の心理臨床（pp.46-53）　金子書房

第８章

American Psychiatric Association (1994). *Diagnostic and statistical manual of mental disorders* (4th ed.). Washington, DC: American Psychiatric Association.
American Psychiatric Association (2013). *Diagnostic and statistical manual of mental disorders* (5th ed.). Washington, DC: American Psychiatric Association.
アメリカ精神医学会（編）髙橋 三郎・大野 裕・染谷 俊幸（訳）(1996)．DSM-Ⅳ　精神疾患の診断・統計マニュアル　医学書院
馬場 禮子（1998）．病院における心理査定の知識と技法　山中 康裕・馬場 禮子（編）病院の心理臨床（pp.8-27）　金子書房
Call, J. D., Galenson, E., & Tyson, R. L. (Eds.). (1983). *Frontiers of infant psychiatry.* Basic Books.
（コール，J. D.・ギャレンソン，E.・タイソン，R. L.　小此木 啓吾（監訳）慶応乳幼児精神医学研究グループ（訳）(1988)．乳幼児精神医学　岩崎学術出版）
池田 豊應（1995）．心理テストによるアセスメント　野島 一彦（編著）臨床心理学への招待

(pp.56-83) ミネルヴァ書房

Mahler, M. S., Pine, S., & Bergman, A. (1975). *The psychological birth of the human infant: Symbiosis and individuation*. Hutchinson of London.

小笠原 昭彦・松本 真理子 (2003). 心理テスト査定論　大塚 義孝・岡堂 哲雄・東山 紘久・下山 晴彦 (監修) 岡堂 哲雄 (編) 臨床心理査定学 (pp.203-290) 誠信書房

Shneidman, E. S. (1953). Some relationships between the Rorschach technique and other psychodiagnostics tests. In Klopfer, B. (Ed.), *Developments in the Rorschach technique*. vol.Ⅱ. New York: Hartcourt, Brace & World.

谷川 弘治 (1996). 子どもと心身発達　高木 俊一郎 (編著) 教育臨床序説――総合人間学的アプローチへの挑戦――(pp.36-41) 金子書房

第9章

Beck, A. T. (1987). Cognitive models of depression. *Journal of Cognitive Psychotherapy: An International Quarterly, 1*, 5-37.

Ellis, S. A., & Harper, R. A. (1975). *A new guide to rational living*. Prentice Hall Direct.
(エリス, A.・ハーパー, R. A. 北見 芳雄 (監修) 國分 康孝・伊藤 順康 (訳) (1981). 論理療法――自己説得のサイコセラピイ――　川島書店)

Frank, E., Kupfer, D. J., Perel, J. M., Cornes, C., Jarrett, D. B., Mallinger, A. G., …Grochocinski, V. J. (1990). Three-year outcomes for maintenance therapies in recurrent depression. *Archives of General Psychiatry, 47*, 1093-1099.

Frankl, V. E. (1947). *...trotzdem Ja zum Leben sagen: Ein Psychologe erlebt das Konzentrationslager*.
(フランクル, V. E. 霜山 徳爾 (訳) (1956). 夜と霧――ドイツ強制収容所の体験記録――　みすず書房)

樋口 和彦 (1998). 死の心理臨床　山中 康裕・馬場 禮子 (編) 病院の心理臨床 (pp.260-269) 金子書房

伊東 眞里 (1996). 心身症と教育臨床　高木 俊一郎 (編著) 教育臨床序説――総合人間学的アプローチへの挑戦――(pp.79-106) 金子書房

古賀 靖之 (2004). うつ病・うつ反応　小林 重雄 (監修) 小林 重雄・古賀 靖之 (編著) 医療臨床心理学 (pp.119-123) コレール社

永田 俊代 (2005). 行動療法　大石 史博・西川 隆蔵・中村 義行 (編) 発達臨床心理学ハンドブック (pp.217-225) ナカニシヤ出版

成瀬 悟策 (1959). 催眠面接の技術　誠信書房

日本心身医学会教育研修委員会 (編) (1991). 心身医学の新しい診療指針　心身医学, *31*, 537-573.

第10章

Baltes, P. B. (1987). Theoretical propositions of life-span developmental psychology: On the dynamics between growth and decline. *Developmental psychology, 23* (5), 611-626.

Carstensen, L. L. (2006). The influence of a sense of time on human development. *Science, 312*, 1913-1915.

Erikson, E. H. (1982). *The life cycle completed: A review*. New York: W. W. Norton.
(エリクソン，E. H. 村瀬 孝雄・近藤 邦夫（訳）(1989). ライフサイクル，その完結 みすず書房)

Freund, A. M., & Baltes, P. B. (1998). Selection, optimization and compensation as strategies of life management: Correlations with subjective indicators of successful aging. *Psychology and Aging, 13* (4), 531-543.

Freund, A. M., & Baltes, P. B. (2002). Life-management strategies of selection, optimization, and compensation: Measurement by self-report and construct validity. *Journal of Personality and Social Psychology, 82* (4), 642-662.

Fung, H. H., Isaacowitz, D. M., Lu, A. Y., Wadlinger, H. A., Goren, D., & Wilson, H. R. (2008). Age-related positivity enhancement is not universal: Older Chinese look away from positive stimuli. *Psychology and Aging, 23* (2), 440-446.

Havighurst, R. J. (1953). *Human development and education*. New York: Longmans, Green.
(ハヴィガースト，R. J. 荘司 雅子（監訳）沖原 豊・岸本 幸次郎・田代 高英・清水 慶秀（訳）(1995). 人間の発達課題と教育 玉川大学出版部)

柄澤 昭秀（編著）水谷 俊雄 (1999). 老年精神医学入門 医学書院

加瀬 裕子・多賀 努・久松 信夫・横山 順一 (2012). 認知症の行動・心理症状（BPSD）と効果的介入 老年社会科学，*34* (1)，29-38.

厚生労働省 (2019). 健康寿命のあり方に関する有識者研究会報告書 厚生労働省 Retrieved from https://www.mhlw.go.jp/content/10904750/000495323.pdf

厚生労働省 (2020). 令和２年版厚生労働白書――令和時代の社会保障と働き方を考える―― 日経印刷

中原 純 (2016). プロダクティブエイジング 佐藤 眞一・権藤 恭之（編著）よくわかる高齢者心理学（pp.28-29） ミネルヴァ書房

岡本 秀明 (2009). 地域高齢者のプロダクティブな活動への関与と well-being の関連 日本公衆衛生雑誌，*56* (10)，713-723.

総務省統計局 統計データ 総務省統計局 Retrieved from http://www.stat.go.jp/data/index.html（2021年３月２日閲覧）

第11章

相谷 登・中村 薫・築地 典絵 (2021). 読んでわかる家族心理学 サイエンス社

天田 城介 (1999).「痴呆老人」における，あるいは「痴呆老人」をめぐる相互作用の諸相 社会福祉学，*40* (1)，209-233.

Feil, N. (1993). *The validation breakthrough: Simple techniques for communicating with people with "Alzheimer's-type dementia"*. Cleveland, OH: Health Professions Press.

（フェイル，N. 藤沢 嘉勝（監訳）篠崎 人理・高橋 誠一（訳）(2001)．バリデーション――認知症の人との超コミュニケーション法――　筒井書房）

八田 武志（1997）．Doll Location Test マニュアル　日本医学

石川 裕子・田中 美枝子・武者 利光・水上 勝義（2014）．認知症高齢者に対するダンスセラピーの効果検討　日本認知症予防学会誌，*3*（1），2-12.

河合 隼雄（1982）．箱庭療法の発展　河合 隼雄・山中 康裕（編）箱庭療法研究 1（pp.vii-xvii）　誠信書房

厚生労働省（2015）．公認心理師法　厚生労働省法令等データベースサービス　Retrieved from https://www.mhlw.go.jp/web/t_doc_keyword?keyword=%E5%85%AC%E8%AA%8D%E5%BF%83%E7%90%86%E5%B8%AB%E6%B3%95&dataId=80ab4905&dataType=0&pageNo=1&mode=0（2021 年 4 月 2 日閲覧）

目黒 謙一（2004）．痴呆の臨床――CDR 判定用ワークシート解説――　医学書院

奥村 由美子（1998）．回想法　黒川 由紀子（編）老いの臨床心理――高齢者のこころのケアのために――(pp.64-84)　日本評論社

第 12 章

海保 博之（監修）久保 真人（編）(2011)．感情マネジメントと癒しの心理学　朝倉書店

菊地 和則（1999）．多職種チームの 3 つのモデル――チーム研究のための基本的概念整理――　社会福祉学，*39*（2），273-290.

河野 和彦（2002）．プライマリケアのための痴呆診療技術　フジメディカル出版

厚生労働省　地域包括ケアシステム　厚生労働省　Retrieved from https://www.mhlw.go.jp/stf/seisakunitsuite/bunya/hukushi_kaigo/kaigo_koureisha/chiiki-houkatsu/（2021 年 3 月 26 日閲覧）

厚生労働省　介護保険法　厚生労働省法令等データベースサービス　Retrieved from https://www.mhlw.go.jp/web/t_doc_keyword?keyword=%E4%BB%8B%E8%AD%B7%E4%BF%9D%E9%99%BA%E6%B3%95&dataId=82998034&dataType=0&pageNo=1&mode=0（2021 年 4 月 2 日閲覧）

日本臨床心理士資格認定協会　臨床心理士の専門業務　日本臨床心理士資格認定協会　Retrieved from http://fjcbcp.or.jp/rinshou/gyoumu/（2021 年 4 月 3 日閲覧）

小此木 啓吾（1979）．対象喪失――悲しむということ――　中央公論社

小此木 啓吾・深津 千賀子・大野 裕（編）(1998)．心の臨床家のための必携精神医学ハンドブック　創元社

小野寺 敦志（2018）．福祉分野に関連する法律・制度（3）高齢者福祉　野島 一彦・繁桝 算男（監修）元永 拓郎（編）関係行政論（pp.131-141）　遠見書房

篠田 道子（2011）．多職種連携を高めるチームマネジメントの知識とスキル　医学書院

Shulman, K. I., & Feinstein, A. (2003). *Quick cognitive screening for clinicians: Mini mental, clock drawing and other brief tests.* Taylor & Francis through UNI Agency.

（福居 顯二（監訳）成本 迅・北林 百合之介（訳）(2006)．臨床家のための認知症スクリ

ーニング――MMSE，時計描画検査，その他の実践的検査法――　新興医学出版社）

渡辺 俊之（2005）．介護者と家族の心のケア――介護家族カウンセリングの理論と実践――　金剛出版

渡辺 由己（2017）．高齢者介護施設における他職種チームケア　植村 勝彦・高畠 克子・箕口 雅博・原 裕視・久田 満（編）よくわかるコミュニティ心理学　第3版（pp.182-185）ミネルヴァ書房

人名索引

ア　行
アイビイ（Ivey, A. E.）　38
天田 城介　164

池島 徳大　57
石隈 利紀　14，15，37，43
今西 一仁　21

ウォルター（Walter, C. A.）　37

エリクソン（Erickson, M.）　31
エリクソン（Erikson, E. H.）　142，143
エリス（Ellis, A.）　34，125

大野 精一　14，16

カ　行
カー（Carr, R. A.）　54
加瀬 裕子　150
金山 健一　30
柄澤 昭秀　149
河合 隼雄　164
河村 茂雄　18，44，49

菊地 和則　169

クラーマン（Klerman, G. I.）　125
グラッサー（Glasser, W.）　29
栗原 慎二　16，17，45，47

小泉 令三　59
河野 和彦　174
國分 康孝　46

サ　行
篠田 道子　170
シャルマン（Shulman, K. I.）　174
シュルツ（Schultz, J. H.）　138

スガイ（Sugai, G.）　56
スピッツ（Spitz, R. A.）　108

タ　行
竹内 和雄　60

トンプソン（Thompson, M.）　55

ナ　行
中野 良顯　16
成瀬 悟策　138

ハ　行
ハヴィガースト（Havighurst, R. J.）　142，143
八田 武志　159
バトラー（Butler, R. N.）　151
バルテス（Baltes, P. B.）　144

平川 忠敏　104

ファン（Fung, H. H.）　147
フォークト（Vogt, O.）　138
フランクル（Frankl, V. E.）　125
ブロンフェンブレンナー（Bronfenbrenner, U.）　44

ベック（Beck, A. T.）　34，125

ボウルビィ（Bowlby, J.） 108

マ　行

マーラー（Mahler, M. S.） 108

目黒 謙一 157

ヤ　行

ヤング（Young, K. S.） 12，63

ラ　行

ロジャーズ（Rogers, C. R.） 26～28

ワ　行

渡辺 俊之 171

渡辺 由己 168

事項索引

ア　行

アセス　45
アセスメント　43
アメリカ・スクール・カウンセラー協会　16

いいかえ技法　41
いじめ　6，17
意味の反映　42

うつ病　123

エイジズム　151

横断的研究　148

カ　行

解決志向モデル　31
カウンセリング　24，45
カウンセリングマインド論　14
かかわり技法　39
かかわり行動　39
家族療法　100
学級崩壊　18
学校環境におけるポジティブな行動介入と行動支援　56
学校教育相談　14
学校心理学　15
活動理論　143
感情の反映　41
緩和ケア　103，135

教育相談　14，24
教育相談コーディネーター　21
共感　27
起立性調節障害　127
キレる子どもたち　18

クライエント観察技法　40

継続性理論　144
健康寿命　146

行動観察　43
行動の制止　124
公認心理師　106
公認心理師法　104，154
合理的配慮　53
高齢者施設　92
ゴール　32
コホート　148
コラボレーション　163，169
コンサルテーション　46，163，168

サ　行

作業仮説　155
査定面接　114

自己一致　27
思考停止　123
自殺　11
自殺傾向　124
実存療法　125
児童虐待　19
自動思考　34
児童自立支援施設　88
児童心理治療施設　88
児童相談所　84

児童発達支援 91
児童福祉施設 86
児童養護施設 86
社会情動的選択性理論 147
社会性と情動の学習 59
社会的欲求理論 55
縦断的研究 148
受容 26
障害児入所施設 91
自律訓練法 138
神経心理学的検査 157
心身症 132
身体障害者更生相談所 89
シンデレラ法 13
新版K式発達検査 83
心理検査 44, 115
心理療法的アプローチ 160

睡眠障害 124
スキーマ 34
スクールカースト 50
スクールカウンセラー 18
スクールソーシャルワーカー 20

精神分析療法 124
精神保健福祉センター 92
生態学的アセスメント 44
生徒指導 14
折衷主義 25
選択理論 29

タ 行

対象喪失 172
多職種チーム 168

地域包括ケアシステム 166
チーム支援会議 46
チームでの守秘義務 48
知・情・意 156
知的障害者更生相談所 89

通告義務 48

テスト・バッテリー 78, 116

特別支援教育コーディネーター 19
閉ざされた質問 39

ナ 行

乳児院 88
認知行動療法 34, 125
認知療法 125

ネット依存 12

ハ 行

はげまし 40
8050問題 22
発達課題 142
発達障害 19
発達障害者支援センター 91

ピアサポート 54
開かれた質問 39

福祉 68
不登校 4
ブリーフセラピー 31
プロダクティブアクティビティ 151
プロダクティブエイジング 151

放課後等デイサービス 91
報告義務 48
暴力行為 3
母子生活支援施設 89

マ　行

マイクロカウンセリング　38
学びのユニバーサルデザイン　53
マルチレベルアプローチ　16

ヤ　行

遊戯療法　100

要約技法　41
抑うつ気分　123

ラ　行

来談者中心療法　26
ライフサイクル　142

リソース　32
離脱理論　143
臨床心理学　71
論理療法　125

英　字

ASCA　16
A-T スプリット　169
BPSD　150，168
Do different　33
Do more　32
DPP 三角　169
DQ　63
MLA　16
PBIS　56
Q-U　44
SC　18
SEL　59
SOC 理論　144
SSW　20
UDL　53

著 者 紹 介

伊東眞里（いとう　まり） （第Ⅲ部；第７～９章）

1979 年　千葉大学教育学部卒業

1983 年　大阪教育大学大学院教育学研究科修士課程修了

現　在　神戸親和女子大学文学部教授　博士（臨床心理学）

主 要 著 書

『医療臨床心理学』（分担執筆）（コレール社，2004）

『発達臨床心理学ハンドブック』（分担執筆）（ナカニシヤ出版，2005）

『発達のための臨床心理学』（分担執筆）（保育出版社，2010）

大島　剛（おおしま　つよし） （第Ⅱ部；第４～６章）

1980 年　京都大学教育学部卒業

1984 年　京都大学大学院教育学研究科修士課程修了

現　在　神戸親和女子大学文学部教授　臨床心理士　公認心理師

主 要 著 書

『一時保護所の子どもと支援』（分担執筆）（明石書店，2009）

『発達相談と新版 K 式発達検査――子ども・家族支援に役立つ知恵と工夫』（共著）（明石書店，2013）

『臨床心理検査バッテリーの実際』（分担執筆）（遠見書房，2015）

金山健一（かなやま　けんいち）　　（第Ⅰ部；第１～３章）

2016年　広島大学大学院教育学研究科学習開発専攻博士課程後期修了
現　在　神戸親和女子大学教育学部教授　博士（心理学）

主要著書

『軽度発達障害へのブリーフセラピー――効果的な特別支援教育の構築のために』（分担執筆）（金剛出版，2006）
『はじめて学ぶ生徒指導・進路指導――理論と実践』（分担執筆）（ミネルヴァ書房，2016）
『学校教育相談の理論と実践――学校教育相談の展開史，隣接領域の動向，実践を踏まえた将来展望』（分担執筆）（あいり出版，2018）

渡邉由己（わたなべ　ゆうき）　　（第Ⅳ部；第10～12章）

1995年　名古屋大学教育学部卒業
1998年　名古屋大学大学院教育学研究科博士前期課程修了
2001年　名古屋大学大学院教育発達科学研究科博士後期課程単位取得満期退学
現　在　田園調布学園大学人間科学部心理学科教授　修士（教育学）

主要著書

『臨床心理学入門事典（「現代のエスプリ」別冊）』（分担執筆）（至文堂，2005）
『よくわかるコミュニティ心理学』（分担執筆）（ミネルヴァ書房，2006）
『コンサルテーションとコラボレーション（「コミュニティ心理学シリーズ」第2巻）』（共著）（金子書房，2021年出版予定）

ライブラリ 読んでわかる心理学＝12

読んでわかる臨床心理学

2021年11月10日© 初 版 発 行

著 者 伊東眞里　　発行者 森平敏孝
　　　 大島　剛　　印刷者 中澤　眞
　　　 金山健一　　製本者 松島克幸
　　　 渡邉由己

発行所 **株式会社 サイエンス社**
〒151-0051 東京都渋谷区千駄ヶ谷1丁目3番25号
営業 TEL (03)5474-8500(代) 振替 00170-7-2387
編集 TEL (03)5474-8700(代)
FAX (03)5474-8900

組版 ケイ・アイ・エス
印刷 ㈱シナノ　　製本 松島製本
《検印省略》

サイエンス社のホームページのご案内
https://www.saiensu.co.jp
ご意見・ご要望は
jinbun@saiensu.co.jp まで.

ISBN978-4-7819-1519-7

PRINTED IN JAPAN

Progress & Application —— 11

Progress & Application
教育心理学

瀬尾　美紀子　著

サイエンス社